U0963374

国际中文教育散论

张 华 著

山东大学出版社
SHANDONG UNIVERSITY PRESS
·济南·

图书在版编目(CIP)数据

国际中文教育散论/张华著.—济南:山东大学出版社,2021.10
ISBN 978-7-5607-7170-0

Ⅰ.①国… Ⅱ.①张… Ⅲ.①汉语—对外汉语教学—教学研究 Ⅳ.①H195.3

中国版本图书馆 CIP 数据核字(2021)第 210638 号

策划编辑 狄思宇
责任编辑 郭凯迪
封面设计 王秋忆

出版发行 山东大学出版社
社　　址 山东省济南市山大南路 20 号
邮政编码 250100
发行热线 (0531)88363008
经　　销 新华书店
印　　刷 济南百禾彩印有限公司
规　　格 720 毫米×1000 毫米 1/16
　　　　 11.25 印张 113 千字
版　　次 2021 年 10 月第 1 版
印　　次 2021 年 10 月第 1 次印刷
定　　价 50.00 元

在一次翻译会上的讲话(代序一)

贾平凹

几年前,我听到这样一句话:翻译就是世界文学。这话让我吃惊,可冷静一想,事情确实是这样的。没有翻译,从何谈世界文学呢?现在,中国政府、文学组织机构、中国作家对翻译的热情很高,希望中国作家的作品被更多地翻译出去,翻译得更好、更准、更丰满。而当下的中国,作家极其多,作品极其多。

在这么庞大的作家群和作品堆里,怎么去识别哪些是有价值的作品?哪些是意义不大的作品?哪些作品值得被翻译出去?哪些作品需要下功夫去重点翻译?我这样说着是容易的,其实做起来非常难。

别说翻译家,就是中国的文学专业人员也难以做到。

虽然对于一部作品的优劣高低鉴别,是自有一种标准和感觉的,好的就是好的,不好就是不好,它会口口相传,产生影响;但是,当不可能把所有作品都读过或无法从整体上来把握时,具体到某一部作品,常常是各人有各人的解读。

我的意思是,能多读些作品尽量多读些作品,从中国文学的整体上去把握和掌控。当把豆子平放在一个大盘里，好的豆子和不好的豆子自然就被发现了。要了解孔子，不仅要读孔子，还有必要读老子、荀子、韩非子等等，这样更能了解孔子。

在这种整体把握当下中国文学的基础上，就可以来分辨：中国之所以是中国，它的文学与西方文学有什么不同？与东方别的国家的文学有什么不同？它传达了当今中国什么样的生活？传达了当今中国什么样的精神气质？这些生活这些精神这些气质，在世界文学的格局里呈现了什么样的意义？

这样就可能遴选出一大批作品来。这些作品因作家的经历和个性不同、思想和审美不同，他们的故事和叙述方式就必然在形态、色彩、声响、味道上各异。如何进一步解读？我认为这就涉及两个问题，那就是了解中国的文化，了解中国的社会。

这两个问题其实是老生常谈，但我还是把它们提出来。虽然这是个非常大的话题，不可能在这里说清说透，我只能从文学的角度粗略地谈一下我的认识。

说到了解中国的文化，现在许多文学作品包括艺术作品中，有相当多的中国文化的表现。但那都是明清以后的东西，而明清是中国社会的衰败期，不是中国社会的鼎盛和强劲期。

那些拳脚、灯笼、舞狮、吃饺子、演皮影等等，只是一些中国文化的元素，是浅薄的、零碎的、表面的东西。元素不是元典，中国文化一定要寻到中国文化的精髓上、根本上。

比如,中国文化中太阳历和阴阳五行,是中华民族对宇宙自然的看法、对生命的看法。这些看法如何形成了中华民族的思维方式和它的哲学观点?比如中国的儒、释、道,道是讲天人合一,释是讲心的转化,儒是讲自身的修养和处世的中庸。这三教是如何影响着中国的社会构成和运行的?

比如,除了儒、释、道外,中国民间又认为万物有灵,对天敬畏。正是中国文化中这些元典的东西、核心的东西,才形成了中国人的思维和性格。它重整体、重混沌、重象形、重道德、重关系、重秩序。深入了解这些,中国的社会才能看得懂,社会上发生的许多事情才能搞明白。

中国人的这种思维性格、宗教和哲学,进而影响和左右着中国人的审美,形成了它不同于西方的特点。我早年曾说过,我们的写作,要在作品的境界上向西方的文学学习,目光要盯住全人类的主流东西,而在作品的表现形式上又一定要是中华民族的东西。

我举个例子:我们没有乘坐飞机前,认为天是阴晴的,月是圆缺的,云是聚散的;我们乘坐了飞机后,才发现云层之上都是阳光,穿过任何一朵云,无论这朵云是导致下雨或是冰雹雷电的,穿过去,都是阳光。如果把阳光比喻为人类共通的东西,我们的作品一定要穿过这朵云直至阳光处。同时,我们是存在于某一朵云下的,即使这朵云在下雨、下冰雹,我们也不必从这朵云下跑去另一朵云下,就在这一朵云下努力穿过去,到阳光处。

这朵云是我们的生存环境,穿过,就是我们的表现形式。为了穿过我们的云层,我也曾经把我们的戏剧与西方的话剧作过比较，把我们的水墨画与西方的油画作过比较，把我们的中医与西医作过比较。

戏剧更多的是写意，话剧更多的是写实；水墨画更多的是线条，油画更多的是色块；中医更多的是综合，西医更多的是分析。我讲这些，大致的意思是，在解读中国故事时，不仅要看到这个故事是否传奇、是否热闹、是否精彩，更要看到这个故事是怎么讲的，看它的思维、方法、语言是否是中国式的。

再说到了解中国的社会。中国渡过了长期的农耕文明社会，又经历了长期的封建专制社会。农耕文明使中国人的小农经济意识根深蒂固，封建专制又是极权化秩序和统一的。几个世纪以来，中国人多地广，资源匮乏，又闭关锁国，加上外来的侵略和天灾人祸，积贫积弱，在政治、经济、军事、科技、法制等领域处于落后。这种积贫积弱的现实与文化的关系，使中国的精英们历来在救国方略上激烈争论。

20世纪20年代，一种意见是现代西方文化为科学，中华文化为玄学，所以它落后，所以要批判和摒弃；另一种意见是中华民族并不是一开始就愚昧不堪，不是我们的文化不行，是我们做子孙的不行。这种争论至今并没有结束。

改革开放以后，中国社会发生了巨大变化，在经济得到极快的发展后，中国社会长期积攒的各种矛盾集中爆发，社会处于大转型期，秩序松弛，人变得浮躁甚或极端。改革越深化，问题越转向了政治、文化和体制。在这个年代，中国是最有新闻的国家，每天几乎都有大新闻。

所以，它的故事也最多，什么离奇的荒唐的故事都在发生。它的生活是那样的丰富,丰富性超出了人的想象力。可以说,中国的社会现象对人类的发展是有启示的,提供了多种可能的经验,也给了中国作家写作的丰厚土壤和活跃的舞台。

之所以说这两点,我的看法是:中国的故事,无论是什么样的故事,它都离不开这两点。故事的好与坏、精彩或简陋,就看这两个问题表现得充分不充分、饱满不饱满。

我还要说的就是由这两个问题引发的我另外的一些认识:一个是什么样的故事才可能是最富有中国特色的故事?再是从中国故事里可以看到政治,又如何在政治的故事里看到中国真正的文学?

在中国的古典长篇小说里,最著名的是《三国演义》《水浒传》《西游记》《红楼梦》。达到国人历来共识的,认为最能代表中国的,文学性最高的是《红楼梦》。它是中国的百科全书,是体现中国文化的标本。它的人与事都写得丰富饱满,批判不露声色,叙述蕴藉从容,语言炉火纯青,最大限度地传导了中国人的精神和气息。从读者来看,社会的中下层是喜欢读《水浒传》的,中上层尤其是知识分子更喜欢读《红楼梦》。

我在少年时第一次读《红楼梦》,大部分篇章是读不懂的;青年时再读,虽读得有兴趣,但许多地方仍是跳着读;到了中年以后,就读得满口留香。

在中国现代文学中,中国人推崇鲁迅。鲁迅的作品充满了批判精神,而经历了"文化大革命"之后,中国人在推崇鲁迅之外也推崇起了沈从文,喜欢他作品中的更浓的中国气氛和味道。从中国文学的历史上看，历来有两种流派，或者说有两种作家和作品。我不故意把它们分为什么主义。

我打个比喻，把它们分为阳与阴，也就是火与水。火是奔放的、热烈的，它燃烧起来，火焰炙发，色彩夺目；而水是内敛的、柔软的，它流动起来，细波密纹，从容不迫，流得越深沉越显得平静。火给我们激情，水给我们幽思。火容易引人走近，为之兴奋；但一旦亲近水了，水更有诱惑，魅力久远。火与水这两种形态的文学，构成了整个中国文学史，它们分别产生过伟大作品。

从研究和阅读的角度看，当社会处于革命期，火一类的作品易于接受和欢迎；而社会革命期后，水一类的作品却得以长远流传。中华民族是阴柔的民族，它的文化使中国人思维象形化，讲究虚白空间化，使中国人的性格趋于含蓄、内敛、忍耐。所以说，水一类的作品更适宜体现中国的特色，仅从水一类文学作家总是文体家这一点就可以证明，而历来也公认这一类作品的文学性要高一些。

基于中国的历史和现实，中国文学的批判精神历来是强烈的。我们在挣扎着、反抗着、批判着这些东西时，又或多或少地以长期以来形成的思维模式来挣扎着反抗着批判着，从而影响了文学的品格品质。

同时，中国国内的文学家和读者群，也在呼唤着、寻找着、努力创作着具有深刻的批判精神、从社会现实生活中萌生的有地气的有气味有温度的、具有文学品格的作品，不再欣赏一些从理念出发编选的故事。虽然那些故事离奇热闹，但它们散发的是一种虚假和矫情。我的意思是，中国当代文学在这十几年里,几乎是全面学习着西方,甚或是在模仿。

到了今天,这种学习甚至模仿可以说毕业了,它正在形成和圆满着自己的品格和形象。多年来,中国的文学作品被翻译了不少,包括中国人的电影、电视等艺术种类,也有相当多的作品被介绍出去,让世界更多人知道了中国、了解了中国、关注了中国。

我想,我们不但要让世界更多的人了解中国的政治、经济、历史、体制,还要让世界上更多的人了解和关注中国普通民众的日常生活,真实的中国社会基层的人有怎样的生存状态和精神状态,普通人在平凡的生活中干什么、想什么、向往什么。

只有这样的作品,才能让人深入地细致地看清中国的文化和社会。从这样的作品中鉴别出优秀的作品,它的故事足以体现真正的中国,体现出中国文学的高度和意义。

中国的主要民族是汉族。“汉”字如果用繁体字写,可以看出那是一个人身上捆绑了好几道绳索。这是说这个民族受的束缚多,说话常不用肯定语,但它的含义却在。

(贾平凹,著名作家,中国作协副主席,陕西省作协主席,文学期刊《美文》和《延河》主编)

中国文化传承传播值得研究(代序二)

杜　卫

张华兄发来他的《国际中文教育散论》书稿，要我给他写个序，我很高兴地答应了。30 多年前，他和我同在山东大学文艺学专业读硕士研究生，导师不同，他低我一个年级，但那个时候就交往很多。毕业后，尽管不在同一个城市工作，但来往还是挺多的。这些年，他在北京语言大学从事国际中文教育、比较文学与世界文学的教学和研究工作，我知道他对中国语言、文化的对外交流不仅熟悉，而且有着深深的热爱；不仅做了大量国际文化交流合作的工作，而且对于我国文化"走出去"有自己深入的思考。这部《散论》就是最好的见证！

社会上，对于我国文化"走出去"，特别是孔子学院在国外的设立，还存在着各种异议。对此，张华认为，多半是由于不了解或者误解。他写道："2008 年前后，曾有中国人民大学的一份统计报告，将全球各大语种按使用人数和使用方式(口语交流、电子邮件、社交媒体、文本书写等)进行详细分类统计。我本人对那份报告的最直接印象是：汉语有 14 亿中国人在使用，而英语却有 14 亿非英国人在使用。此后，英国文化委员会公开宣布,到 2020 年要使全球学英语的人数达到 30 亿人。而那时,法国本土外使用和学习法语的人口为 2.2 亿,使用和学习西班牙语的人口为 4.2 亿,而全球本土外学汉语的人数还不到 1 亿,这是与我国的话语权和大国地位极不匹配的。”(《2020 年,到底多少人学英语?》)读者还可以从他写的培养外国留学生的经历中,发现国际中文教育对于培养“知华、友华、爱华”的外国留学生的重要价值。(见《人才培养铺设“一带一路”》等文)在《海内存知己 天涯若比邻》一文中,他还深情地写道:“实践充分证明,孔子学院的建设和发展,有助于提高我国文化开放水平,扩大中华文化在国际上的感召力和影响力;有助于展现社会主义中国繁荣、民主、文明、和谐的良好形象,加强我国国际传播能力和对外话语体系建设;有助于广交朋友,深交朋友,培养知华友华亲华力量,巩固中外合作的民意基础和社会基础;有助于保持旺盛的中华文化生命力,促进自身文化建设的创新和发展。”

作为文艺学专业出身的硕士和博士研究生,张华特别重视文学教育在中国文化“走出去”过程中的重要作用,反复强调“文化‘走出去’,文学当先行”,并且给出了这个观点的学理基础,那就是文学的形象性、典型性和情感性等基本特征:形象性带来的生动性可以避免刻板教条的“说教”,便于人与人的良好沟通;典型性即代表性,好的文学作品可以实现“以一斑而窥全豹”的功能,便于异域读者通过文学作品了解中国文化的整体状况;情感性,还是那句话:国之交在于民相亲,民相亲在于心相通,文学的情感性显然是实现“心相通”功能的最重要、最便捷、最有效的途径。人与人之间,民族与民族之间，国与国之间的友好交往，一定是建立在情感联系基础之上的。（《“文学先行”的学理基础》）因此，“传播中国，需要更加重视文学的功能和力量，需要加强和提升文学的参与度”（《文学传播中国》）。“中国文化‘走出去’、中国文化世界传播的最佳方式、最好载体是文学。”（《中国传统文化》）

我虽然不直接从事国际中文教育工作，但由于曾长期分管教育国际交流，还直接参与建立了两所孔子学院，因而读张华兄的这些文字，还是颇有共鸣的。我国正处于发展的关键时期，需要和平友好的国际环境，需要世界各国更多地了解中国，需要结交更多世界各地的朋友。国际中文教育，就是中国同世界各国开展人文交流的重要形式。没有国际文化交流，没有我们同世界各地人们的友好交往，仅仅靠金钱是不可能获得和平友好的国际环境的。对此，我国知识界、教育界同仁是否已有自觉意识？我们开展此项工作的时间不长，当然会有许多不足之处，例如，文化传播比较表面化，对“中国文化”是否就是“传统文化”的研究还不够，汉语教材编写还没充分体现国际中文教育的特点规律等等，这些都可以在实践中不断完善。但是，我们与世界各国的文化交流是必要的，培养世界各地“知华、友华、爱华”的大批青年是必需的。如果有此认识，那么我们也会同意张华的观点：“孔子学院：这张名片不会丢！”

（杜卫，第十一、十二届全国政协委员，第十三届全国政协常委，杭州师范大学原校长）

目　录

文明互鉴:情感交融　直通人心

讲好故事:典型表达　形象描绘

附　录

一带一路：
语言铺路　文学先行

◎白乐桑与顾彬的“对话”

◎文学之路

◎文学与哲学

◎文学与科学

◎强势语言与强势经济

◎“文学先行”的学理基础

◎创作与想象

◎文化与翻译

◎文化、文字与文明

◎文学传播中国

◎人才培养铺设“一带一路”

◎“走出去”思考

◎各美其美　美人之美

◎德行言语　敦睦天下

白乐桑与顾彬的“对话”

白乐桑，法国人，语言学界知名的汉学家，从 2018 年第 7 期起，《美文》杂志开始连载他的自传体散文；顾彬，德国人，文学界知名汉学家，从 2015 年第 1 期起，《美文》杂志连续刊载他在中国的相关经历的文章。这两位著名学者虽来自欧洲不同国家、不同学术领域，却都因为与中国结缘，被称为“汉学家”。两位名副其实的汉学家是否见过面，是否在一起交流过，我未曾向其中任何一位详询和求证，但这并不影响他们之间形成一种文字的“对话”。

在学术层面上与白乐桑先生接触较多的人，大都会为他对中国语言的热爱和赞赏所感动，人们几乎很少听到他对中国语言的批评声音。比如，他在多种场合表示非常赞同“汉字是世界上最美的文字”的说法。而在学术层面上与顾彬先生接触较多的人，则大都会为他对中国文学的批评和苛责所触动，人们几乎很少听到他对中国当代文学表示满意的声音。比如，他在多种场合都说过中国当代文学是“垃圾”。

当然，也有例外。比如，白乐桑先生最近就在题为《一元论抑或二元论：汉语教学论和课堂教学的根本选择》的讲座中，用较为委婉的方式对中国在对外汉语教学中存在的问题进行了批评。他认为，对外汉语教学目前在中国虽然是一门学科,但在基本问题上有一些“歪曲”,未能对教学论与课堂教学进行明确区分。不是汉语难学,而是汉语被教难了,很多汉语教材中仅有生词表而没有生字表,母语非汉语的学生对于汉字学习根本无从下手。问题不在于字本位是什么,而在于为什么中国的主流教材一直对汉字这一单位视而不见。他还说,汉语作为第二语言的教学,以自我中心论为主要视角而不是进行换位思考;“汉字难学”被绝对化,并让人因此产生一种自卑情结,最终语言和文字被混为一谈。在我看来,作为首任法国国民教育部汉语总督学、世界汉语教学学会副会长、世界著名汉学家,白乐桑教授依据自己几十年学习和教授汉语的亲身经历和体验这样讲,一定是令人信服的。

爱“挑剔”、喜欢批评的顾彬教授,也有例外。如果去翻翻他著的《中国往事》,组织编写的十卷本《中国文学史》,主持翻译的六卷本《鲁迅文集》,这类例外还真不少。如果说他赞赏和肯定的是中国古代文学,那就去读一下他写的《碎片——忆顾城、谢烨》和《最后的歌吟已远逝》。或者,根本不用那么“复杂”和“麻烦”,只需想一下他为什么如此愿意在属于当代文学刊物的《美文》杂志上发表自己的作品,就不难明白他的文学观或曰文学批评观。

其实,作为欧洲知识分子,无论来自哪个国家,无论是人文社科领域还是自然科学领域,无论是语言学界的汉学家还是文学界的汉学家,批判意识是他们固有的素养,或者说是他们的使命和担当。由此,他们可以直面批评对象,说出真话、实话、由衷的话。所以,他们的赞美和肯定固然值得我们高兴和自豪,但不应沾沾自喜,而他们的批评和苛责亦弥足珍贵。对外汉语界也好,文学界也好,不能因为听惯了褒扬就听不得批评,更不能因为听了批评的声音就“怒发冲冠”“拍案而起”。毕竟,忠言逆耳;毕竟,他山之石,可以攻玉。

有意思的是,两位来自欧洲不同国家的汉学家,都对自己的身份发表过评论。白乐桑说,中国人对西方的一些刻板印象,从某些用词就可以体现出来。比如,法语中是没有“欧美”这个说法的,欧洲人也不认为自己与美国人有很多相似之处。顾彬说:“很多中国人问我的英文名字是什么,甚至说我护照上的就是英文名。我觉得这个很滑稽,因为我是德国人,为何要在护照上印英文名?”

文学之路

英国牛津大学资深历史学家彼得·弗兰科潘(Peter Frankopan)在其受到举世瞩目的《丝绸之路:一部全新的世界史》(*The Silk Roads: A New History of the World*)一书中,多次提到今天中东地区在过去时代的一些文学著作,这些文学著作记录的"历史",成为他梳理和撰写这部全新的世界史的重要史料来源和依据。

比如,在该书前言中,彼得·弗兰科潘说:"非常幸运的是,我在学校学了俄语。我的老师是迪克·哈登(Dick Haddon),一个曾在海军情报部工作过的非常聪明的人——他坚信掌握俄语及其语言灵魂的最佳方式是了解其灿烂的文学和农村音乐。更幸运的是,他还给有兴趣的人教授阿拉伯语,让我们接触到了伊斯兰的文化和历史,受到了阿拉伯古典文化精髓的洗礼。语言的学习打开了发现新世界的大门,或用我后来想出的一句话说,打开了我们这些西方人重新发现新世界的大门。"

再比如,他在这部历史著作的每一章里几乎都要提到不同时期的一些诗人、作家,并从这些诗人、作家的描述中寻找其得出新的历史结论的文字支撑……总而言之,这部在全世界范围内产生巨大影响的新"历史",有意或无意之间给了文学以足够的、至高无上的地位;或者说,这部新“历史”正是新历史主义的又一部伟大代表作品。

显然,将这部伟大作品视为具有鲜明新历史主义特征的历史著作并不为过,毕竟彼得·弗兰科潘是一位历史学家。当然,我们也可以把它作为文学作品来看待,因为这部著作本身也具有很强的文学色彩,或曰具有很强的文学性。新历史主义,兴起于20世纪80年代的欧美学术领域,与当时的解构主义思潮有着必然联系,在历史与文学的关系方面产生了许多颇有新意的观点。我本人一直比较感兴趣的就是它所强调的历史文本与文学文本之间的“互文性”关系,直白一点来讲,即二者可以互相支撑,互为文本。

彼得·弗兰科潘围绕丝绸之路将其作品列出章节,主要有信仰之路、基督之路、变革之路、和睦之路、皮毛之路、奴隶之路、天堂之路、铁蹄之路、重生之路、黄金之路、白银之路、西欧之路、帝国之路、危机之路、战争之路、黑金之路、妥协之路、小麦之路、纳粹之路、冷战之路、美国之路、霸权之路、中东之路、伊战之路、新丝绸之路。在我看来,这部著作中的这些“道路”既是语言铺就的,又是文学先行的,作者向我们展示的就是丝绸之路上的“文学之路”。这也就是作者在前言中说的“语言学习打开了发现新世界的大门”,并“坚信掌握俄语及其语言灵魂的最佳方式是了解其灿烂的文学和农村音乐”。从这个意义上看,“一带一路”也应是“语言铺路,文学先行”的。

文学与哲学

在中外人文交流的活动中，无论是过去的“中学为体，西学为用”，还是今天的“国学与汉学”，无论是“了解西方”，还是“理解中国”，我们几乎都有一个基本的共识：西方是理性的，中国是感性的。也就是说，西方哲学科学发达，中国文学艺术发达。

这种看法既然是共识，显然具有一定缘由和逻辑基础，具有一定合理性。比如，我们常因中国有先秦的《诗经》《楚辞》，有唐宋的诗词，而称其为诗歌的王国；并因德国出现了大批哲学家、思想家而将其称作哲学的国度。所以，华裔美国学者叶坦教授说，咏月的诗，最短的在中国唐代，最长的也在中国唐代，而在中国唐代，英语还没有产生呢，谈论诗，谈论文学，特别是谈论中国的唐诗，英语国家怎可匹敌！

由此，我发现一个有趣的现象。在中国古代，尽管交通不便，尽管“蜀道难，难于上青天”，但多数著名诗人，无论是主动还是被动原因使然，几乎没有足不出户、闭门造车的，甚至很多成功诗人是走遍中国或在很多地方留下足迹的。比如，李白、杜甫、白居易、李贺、高适、孟浩然，等等。再看看西方哲人，最具代表性的当属康德，据说他一生都没有离开过他居住的哥尼斯堡小镇，生活半径极其有限，但康德哲学不仅影响了欧洲，而且影响了世界，不仅影响了他那个时代，还影响了随后的每个时代。

我们知道，哲学是对世界基本规律和普遍问题的发现和思考，而雅斯贝尔斯的“轴心时代”理论表明，老庄孔孟与古希腊贤哲们由于时空限制从未谋面（也不可能谋面），但对世界基本规律和普遍问题却有着惊人且相似的见解与看法，以至于后来和今天每当人类遇到问题，都会回望他们，从他们的智慧当中寻找解决路径和答案……

我们再看中国文学最具代表性的唐诗宋词。

唐诗宋词当中不乏一些富含哲理的诗句词句，比如“欲穷千里目，更上一层楼”，比如“夕阳无限好，只是近黄昏”等。但是，唐诗也好，宋词也罢，绝非以哲理取胜，而是以形象和意境或曰文学性取胜。比如“举杯邀明月，对影成三人”，比如“鸟宿池边树，僧敲月下门”，比如“大漠孤烟直，长河落日圆”，比如“借问酒家何处有，牧童遥指杏花村”，比如“无可奈何花落去，似曾相识燕归来”，比如“休说鲈鱼堪脍，尽西风，季鹰归未”，比如“古木阴中系短篷，杖藜扶我过桥东”，比如“枯藤老树昏鸦，小桥流水人家”，不一而足。阅读吟诵这些诗词，浮现在我们眼前的首先就是形象，就是意境。而事实上，即使一些哲理诗，基本上都用比兴手法先咏物造境，然后道出哲理。比如“欲穷千里目，更上一层楼”的前两句是“白日依山尽，黄河入海流”，而“夕阳无限好，只是近黄昏”的前两句则是“向晚意不适，驱车登古原”……

可见，文学与哲学的区别是明显的。文学具有丰富的多样性特征，具有流动性流传性。文学“走出去”，首先需要文学家“走出去”。与此同时，从某种意义上看，异质文化接受他者的文学或许更加容易，而接受对方的哲学和价值观，或许就没那么容易。

文学与科学

有人预言,将来的人,即便是肉身的存在,也会像智能机器人一样,成为一个数据包,每个人身上都“背负”着各种各样的信息和数据。这是对信息科学影响人类生存的一种预言。

有人认为,现在的年轻人身上就已经呈现出这种数据包的特征,他们的社会交往已经多数是信息沟通与交流,人与人来往的感情色彩越来越少,越来越淡。一方面维系年轻人情感的恋爱经历年龄越来越迟(很多年轻人没谈过恋爱),另一方面年轻人初次性接触、性生活的年龄又越来越提前(只满足身体需求),而这一现象则可作为此一看法的重要例证。同时,网络时代的虚拟空间、电子商务等造就了一大批“宅男”“宅女”,只要有可能,他们更习惯宅在家里或某个固定的空间内,不想或回避与“外界”交流,因为虚拟世界、网络空间已成为他们主要的“外在世界”。

与此同时,在一般情况下,碎片式、瞥掠式阅读就成了当代年轻人较为普遍的阅读方式,对长篇大作,无论是经典名著还是当代流行作品,他们更愿意看一场改编的电影。

那么,作为情感的产物,又是人情感表达与交流方式的文学,将来还会不会存续?谁来维持它的存续?对这个问题，有一种可能的答案：文学，将来只会保留其娱乐功能，而其他功能将丧失殆尽。

科学改变世界，既可改变历史，也可改变现实与未来。当然，这样的预言和看法，只是就当代和未来的肉身之人而言，并未将无与伦比的想象力放大到智能机器人主宰世界的未来——当我们赋予智能机器人以人所具有的包括“自由意志”在内的一切元素之后，智能机器人就成了超越“肉身之人”能量的真正超人。而果真有一天，这个世界成了超人的世界，我们的血肉之躯是否还会存续，我们钟爱的文学能否继续存续，只好交给超人予以“思考”了！

强势语言与强势经济

时至今日，我对改革开放初期人们说普通话时故意带广东腔还有着较为深刻的印象。特别是在生意场上，不少“老板”都拿腔拿调地说着“粤语普通话”，某年中央电视台的春节联欢晚会上，程前表演的一个小品就惟妙惟肖地再现了这一点。当年，不少地方都开设粤语培训班，许多人缴费学习粤语。出现这种情况的原因，主要是当年广东处在改革开放的最前沿，既是改革开放的排头兵，又是改革开放的较早受益者，相对其他地区，其经济发展较快，可称为经济强省或强势经济省份。

亚洲“四小龙”崛起的时期，海外华语的“腔调”也时常被国人效仿，毫无疑问也是因为“四小龙”的经济优势。新加坡国立教育学院中文系教授周青海先生发起编纂的《全球华语词典》于2010年发布，其中就记录了“四小龙”等地华人华语的词汇和发音，就是这些词汇和发音当年常被生意场上的“老板”们学习。

近些年，随着陕西北部能源的进一步发现和开采，陕北地区也有一大批人富裕起来，并在西安等地大量投资。在西安，常常有人指着一些高档新区或豪华酒店说，“这是陕北人建的”，话里话外都带着陕北人的荣光。与此同时，说陕北方言也成了某种身份和地位的象征。

2019 年 4 月，有幸在一次语言文字工作坊上与周青海先生见面，中间与其聊到强势经济与强势语言的正比例关系，周先生肯定地说：毫无疑问！

显然，只有强势经济才能带来强势语言。中国国际地位的提高首先依靠的是中国经济地位的提高，依靠的是中国经济的强盛优势。中国人民只有从站起来到富起来，再到强起来，才可能在国际事务上拥有话语权。因此，仓廪实衣食足不仅仅是人知礼节知荣辱的基础，而且是我们在国际上推广中国语言的基础，是中国文化"走出去"的基础。

当然，讲述经济基础决定上层建筑的道理和事实，并不意味着说今天的中国已经成为经济强国，已经拥有了强势经济。事实上，中国朝向"两个一百年"的发展目标依然任重道远，仍需要艰苦卓绝的努力。同样，在中国文化"走出去"的道路上，我们仍需"行百里者半九十"的意志和思考。

“文学先行”的学理基础

从“汉风专刊”设立，到发表在此专刊上的评论文章结集出版为《文化与全球化》，我都始终在表达一个对中国文化“走出去”的基本看法：文化“走出去”，文学当先行。

这个看法并非一个“文学爱好者”的主观臆断——热爱文学，就认为文学之一切都是优秀的、优先的；也不是对一些文学现象的简单总结——比如莫言一获得诺贝尔文学奖，世界各国的目光都投向了中国。之所以有这样一个基本看法或基本判断，除了有一定的现实依据之外——以往登载在本栏目上的评论多有列举，还是有其一定学理基础的，而这个学理上的基础或逻辑，又是由文学的基本特征决定的。

所谓文学的基本特征，也就是在同属人文社会科学的大类别中，文学区别于其他学科如哲学、伦理学、宗教学、法学、社会学、经济学等的基本特征。总体说来，文学具有形象性、典型性、情感性等特征，有些文学类别还具有明显的虚构性特征，这些也构成我们通常所说的文学的审美特性。在文学对外传播和“走出去”过程中，形象性带来的生动性可以避免刻板教条的“说教”，便于人与人的良好沟通。典型性即代表性，好的文学作品可以实现“以一斑而窥全豹”的功能，便于异域读者通过文学作品了解中国文化的整体状况。情感性，还是那句话：国之交在于民相亲，民相亲在于心相通，文学的情感性显然是实现“心相通”功能的最重要、最便捷、最有效的途径。人与人之间，民族与民族之间，国与国之间的友好交往一定是建立在情感联系基础之上的。与此同时，虚构需要卓越的想象力，刘慈欣的科幻作品就表现出这样的想象力。当然，其他学科也需要人的想象力，但文学作品表现出的卓越的想象力特征，常常成为可以促进其他学科成长和发展的巨大动力。

实际上，“中国文化‘走出去’”这句话本身，就是一种运用文学语言的形象表述，而“讲好中国故事”，则更表明了文学在“走出去”过程中的独特功能与作用。

创作与想象

前不久,在中国日报社举办的第三届“致经典”双语诵读会全国总决选现场,中场休息时,双语主持人张博老师问了评委老师们一个问题:AI(人工智能)翻译可否完全取代人工翻译?来华12年之久、长期从事英中翻译的林泓睿(Lens Daniel Benjamin)评委回应道:诗歌翻译至少100年以后,科技翻译很快就可以取代。随后,他解释说,智能机器人的大脑对信息、数据的存储量以及反应和处理速度,显然很容易超过人脑几倍、几十倍、几百倍、几千几万倍甚至上亿倍,但让它有与肉身人一样丰富而多样的感情,或把这种感情恰当地翻译出来,却没那么容易。

林泓睿的看法,与我在此前《文学与科学》一文中表述的观点有点类似,就是说智能机器人的科技能力大于人文能力。不过,随着时光的推移,我对这样的观点又有了一定程度的质疑:人类的感情到底有多么丰富、多么多样呢?无论黑人、白人、黄种人,再丰富、再多样,也不外乎爱恨情仇,不外乎喜怒哀乐,不外乎悲欢离合吧?如此看来,还是要回到《文学与科学》一文的结论部分:智能机器人被赋予了想象力时,就一定会成为真正的超人!

我们知道,文学创作是离不开想象力的,这是显而易见的道理。20年前，奇幻文学最为热闹的时候，罗琳（J.K. Rowling）的《哈利·波特》（*Harry Potter*）带动了人们对《纳尼亚传奇》（*The Chronicles of Narnia*）、《指环王》（*The Lord of the Rings*）的极大兴趣，学术界也开始关注C.S.路易斯（C.S.Lewis）及其好友约翰·托尔金（John Tolkien）。在C.S.路易斯文学创作研究领域卓有建树的马丁·戴尔（Wayne Martin Dale）教授曾说，一个作家失去想象力将一事无成，一个民族失去想象力将没有希望。哲学家对想象的论述更多，自不必再提及。

人类失去联想，世界将会怎样？这是当年联想电脑的广告语。这说明，科技同样离不开想象力。很小的时候读《参考消息》，对有篇文章印象特深，说人的发明创造源于人的“懒惰”或“图省事儿”，还举当时科技走在前列的日本为例，说不愿走路所以研制新型汽车，不愿起身关电视所以发明遥控器，云云。当然，这是从一种通俗的角度解释科技创新，而隐藏在其后的仍然是“想象力”。

提及想象力对科技发明创造的价值，Space X的领英埃隆·马斯克（Elon Musk）是一个典型案例。显然，马斯克和他的团队如果没有惊人的想象力，Space X项目不会产生，也不可能成功。科学技术的发明创造不会有极限，怎么想象均不会过分，只要你有足够的想象力。的确，想象力在任何时代都是“王道”，不怕做不到，就怕想不到，今天更是如此。

文化与翻译

随着世界各国文化交流的日益频繁，文学翻译作为文化交往事业中的重要一翼，越来越受到社会各界的重视。翻开汪洋浩瀚的世界文学史，从《荷马史诗》到《尤利西斯》，从莎士比亚到普鲁斯特，从古希腊悲剧到湖畔派宣言，从在文学史上被重新解读和诠释的陀思妥耶夫斯基到"作家中的作家"博尔赫斯，从萧乾、朱生豪、田德望等一位又一位被誉为"站在大师背后的传道者"……世界文学的历史，无疑也是一部翻译史和文化交流史。伟大的作品虽不会因为翻译而失去其伟大，但由于语言与文化的隔膜，文学中的完美翻译似乎从来没有达到过……严复先生倡导的"信、达、雅"其实只是一个理想化的境界和尺度。

文化的世界性交往与互动已成为当代文化的基本特色。在英国大学的课堂上，争论得最激烈的不是全球化的可行与否，也不是全球化的得与失，而是在全球化作为一个势不可挡趋势的前提下，何以通过人类的最大努力，使其走向综合，规避单一，从而扮演一个集合各民族多元文化优势、带有多样化特征的角色。因为，文化的交往与互动不应是某种文化"化"掉另一种文化，不应是一种文化对另一种文化的全盘接受、囫囵吞枣，更不应是文化的侵略或殖民，每一种文化都应该在这一全球化文化运动中担当重任。

本色文化的褪色很难避免。文化的褪色除了自身演化发展过程中某些特征的消退外，还应包括不同文化交融过程中本色文化特征的消失。全球化语境下，各民族多元文化的相互隔绝，甚至连共存共荣都已经不太可能，而文化的全方位多向度交流、相互影响以及吸收、融合已是必然和不争之实。在这样一个过程中，无论是文化的介绍、理解和吸收，还是文化的比较、筛选和交融，都离不开翻译。事实上，翻译在人类文化交流的历史长河中不仅一直起着重要的无可替代的桥梁和媒介作用，而且，近些年来，伴随着日渐强烈的文化比较、文化矛盾、文明冲突和融合趋势，翻译学已作为一门重要学科应运而生。更重要的是，越来越多从事翻译工作和翻译学研究的学者不仅注意到翻译与语言学、语义、语篇的联系，而且更有学者提出“文化语境”和“跨文化交际”的翻译概念。对文化背景、文化知识特别是文化差异的了解和把握越来越成为翻译过程中难以忽视的问题，“信、达、雅”翻译目标的实现不仅仅依赖于译者语言功底的深厚程度和语言技巧的运用能力，而且更多地有赖于译者对双方（有时甚至是多方）文化内蕴的理解体味程度和能力。

比较文化中的翻译，关键看对文化的体验和理解。不但要保证源文本文化底蕴的原汁原味，避免翻译过程中文化韵味的褪色，而且要做到译文文本的本土化，即契合本土文化。诗歌的翻译常常被认为是最困难的，但困难不在语言的压韵和格律，主要在反映出其文化内蕴。比如，翻译霍普金斯、叶芝、柏恩斯和艾略特等诗人的英文诗歌，除了要了解整个英国文化的历史，甚至需要深入领会英格兰、苏格兰、威尔士和北爱尔兰等不同民族各自的文化特征，同时要深谙中国文化的底蕴，如果没有很好的文化功底，是很难译好的。再如，在英国非常流行的伴有音乐的幽默对话 At the Drop of a Hat（一触即发），就像我们中国人的相声，如果不了解中国文化，很难感受到中国相声的幽默感，同样，对英国文化没有深切的了解，也是很难翻译出英国幽默之诙谐调侃趣味的。

当然，译者对源文本的翻译过程甚至读者对翻译文本的阅读过程都是一定的再创造过程，再创造要力求保证源文化本色，不仅要求译者的文化功底，同时，阅读者只有对双方文化有一定了解和理解，才能感同身受。

文化、文字与文明

2020 年夏天，很荣幸有机会参加敦煌研究院人文研究部部长杨富学研究员带领的调研组，赴甘肃临夏进行学术调研活动。

临夏故称河州，位处丝绸之路交通孔道，自古以来战略地位重要，历史文化遗迹众多。这次调研，主要参访地有永靖炳灵寺石窟、临夏市博物馆、数座清真寺、东公馆、蝴蝶楼、广河齐家文化博物馆、齐家坪遗址、半山文化遗址、和政古动物化石博物馆，以及临夏回族自治州与甘南藏族自治州交界处的土门关遗址等。调研期间，大家谈到文化与文明的不同内涵，谈到文化和文明、文字的关系。

谈到中文“文化”一词的来源，一般都会引用《周易》中的“观乎天文，以察时变；观乎人文，以化成天下”。文，有纹理、纹路之意，引申为规律。天文，天象、天道，宇宙运行规律也；人文，伦理道德，社会运行规律也；化，显然有化育、教化之意。这些均不难理解，与源于拉丁语 cultura 本意为耕作、栽培、养育的英文 culture 也对应得很好。因此，可以说，文化是在认识天文和人文基础上对人类族群的一种化育、调理和安排。因为这种认识和化育具有时空差别，所以文化呈现出多样性特征。

文明则不同。文明是相对于原始、野蛮或人类完全的动物性时代而言的，当人类族群开始摆脱原始、野蛮或完全的动物性特征时，就是文明萌芽之际。这需要一个标志，有学者用工具的使用作标志，有学者以城市化为标志，有学者用文字的发明作标志，还有学者用“受伤后而又愈合的股骨”作标志……

关于用“受伤后而又愈合的股骨”作标志，来自最近的一个网帖：在人类学和考古学家米蒂教授的课堂上，有人提问，在发掘原始部落之后如何判断是否进入早期文明阶段？米蒂教授的答案不是陶罐或鱼竿之类，而是“受伤后而又愈合的股骨”，因为这说明这些原始人受伤后得到了同伴的保护和照顾，有人跟他们分享火堆、水和食物……我认为，这个说法太具文学性，如果米蒂教授有机会到我们考察的和政古动物化石博物馆去看看，也许会改变看法。

以文字为标志，是杨富学老师的观点，我很赞同。其实，因为学科的不同，在我看来，不管以什么为标志，只要能区别原始和野蛮就是可以的。比如，对我这样一个比较文学的研究者来说，似乎也可以用是否形成了文学艺术作品作为标志。如果按照雅斯贝尔斯的轴心时代理论，公元前600年至300年间，古希腊、古希伯来、古代印度和古代中国，都集中出现了以理智和道德方式面对世界、超越原始的现象，而且相对于整个人类史来说一两百年只是短暂的瞬间。所以，在此意义上来看，人类文明的起始时代大致相当。此正所谓：东学西学，道术未裂；南海北海，心理攸同。

文学传播中国

庆祝中国共产党成立100周年优秀电视剧展播剧目、重大革命历史题材史诗型电视剧《觉醒年代》，自2月1日在中央电视台综合频道黄金时段首播，目前全剧各集已播映结束，其他电视频道开始重播。

该剧呈现了文学在改造国人和缔造一个新的中国中起到的启蒙和推动作用，即文学可以创造中国。鲁迅的《狂人日记》无疑是文学，而无论陈独秀的《爱国心与自觉心》，李大钊的《青春》《我的马克思主义观》《布尔什维克主义的胜利》，胡适的《文学改良刍议》，还是毛泽东的《体育之研究》，周恩来的《革心革新》等等，亦都可视为不同体裁的文学。宏观而论，无论是《新青年》，还是《每周评论》《湘江评论》等，亦均可视为文学期刊。所以，我们说《新青年》竖起了文学革命的大旗。

显然，文学的作用还不止于此，不止于创造中国，文学还可以传播中国。只需观看《觉醒年代》的前两集，则足以得出这样的结论。事实上，文学创造新中国的功能，很大程度上是通过传播新思想、新观念的功能而得以实现的。当然，那时新思想、新观念的传播主要立足于唤醒国内民众，立足于新文化向国内的传播。今天，通过文学“讲好中国故事”，让中国文化“走出去”之传播,则是更多地着眼于向世界传播,与世界分享,着眼于让中国走向世界,让世界理解中国。百年过去了,传播的方向不同,传播的内容亦有不同,但传播的方式从来没有离开过文学。

非常赞同《觉醒年代》中鲁迅先生所讲的:没有形象思维的作品不可能触及人的灵魂。在此意义上,传播中国,需要更加重视文学的功能和力量,需要加强和提升文学的参与度。

人才培养铺设"一带一路"

从 2009 年我开始招收第一位外籍博士生算起，至今已有分别来自泰国、伊朗、埃及、意大利、越南、突尼斯等国家的 16 位外籍博士，在我的指导下顺利毕业并获得中国的文学博士学位。他们当中，既有伊朗前总统内贾德的中文秘书，又有著名作家莫言、铁凝、贾平凹、刘震云等指定的中阿双语随行翻译，还有《人民文学》杂志阿语版的主编等。一位泰国同学被评为我校 2017 年度唯一一位优秀外籍博士毕业生，一位埃及同学被评为我校 2019 年度唯一一位优秀外籍博士毕业生。目前，我仍有 12 位外籍博士生在读，如果加上我指导的已毕业和在读的外籍硕士，总数已经超过 50 人，他们多数来自"一带一路"沿线国家。

这些年来，不少同事或友人建议我写写指导和培养心得，也有大学邀请我参加"外籍博士培养经验交流会"等类似会议，更有像《环球时报》这样的重头媒体希望对我进行采访，我都婉言谢绝了。谢绝的主要原因是，在我看来，北京语言大学作为中国唯一一所以对来华留学生进行汉语、中华文化教育为主要任务的国际型大学，培养出一批这样的外籍博士应在情理之中，不足为奇，不必要对此作过多赞誉和宣传。然而，这次中华文化研究院的领导转来"桃李满天下"的征文启事，我却挺有兴致。一是想借此机会表达内心一直存有的感激之情，二是今年是我招收外籍博士生的第 10 个年头，“十年一剑，略试双刃”。同时，今年也是我从教满 30 年的年份，有道是“三十年来寻剑客，几回落叶又抽枝”！

这些年来，有两份感激之情始终饱含在心。一是对所在学校北京语言大学的感激，二是对为这些外籍博士打好中文基础的所有老师的感激。有同事做过统计，统计结果表明，我是北京语言大学指导外籍硕士生、博士生最多的教授，如果真是这样，那也应该是全国指导外籍硕士、博士最多的教授。在我看来，之所以有此两个“最多”，乃是因为我能够幸运地在北京语言大学这样一所同期在校留学生数常有1 万多人、比中国学生数多一倍的高校执教，没有这样一所高校，我怎么可能指导这么多外籍硕士生和博士生。另外一点是，这些母语非中文的外籍同学，若想考取北京语言大学的硕士、博士，必须有良好的中文基础，中文成绩必须达到一定标准和要求，而北京语言大学的录取门槛之高“有口皆碑”。我指导的这些外籍硕士生和博士生，多数是在北京语言大学读过本科或至少在这里学习、进修过中文的，教授过他们各门中文课程的老师为他们打下了坚实的中文基础，为他们进入更高阶段的学习和攻读学位提供了丰富的知识储备和良好的智力支持。有的同学，虽然是在自己的国家初学中文，但他们的中文启蒙老师也有很多毕业于北京语言大学。比如，在埃及艾因夏姆斯大学中文系的近 50 位教师中，就有 30 多位毕业于北京语言大学或曾在北京语言大学就读。所以，作为一位硕士生和博士生导师，我在感慨这些外籍硕士、博士中文水平之高的同时，心中常常感念的是他们的这些中文教师，没有他们，我也不可能指导和培养出这么多、这么优秀的外籍硕博士。所以，应该记住他们，应该感谢他们。

就此而言，我所做的外籍博士生指导工作属于“锦上添花”，主要是培养他们具有“各美其美，美人之美”的意识，具有“知华、友华、爱华”的观念，具有成为促进中外人文交流的青年汉学家的理想和目标，并在此基础上指导他们进行博士论文选题，展开博士论文写作并最终进行博士论文答辩，直至完成整个博士学业。整个过程，其实与培养中国博士一样，最重要的仍然是要贯穿思想道德和价值取向的引导。所以，我本人非常认同和赞赏季羡林老先生生前为我校题写的校训：德行言语，敦睦天下！

“走出去”思考

美国著名生态批评家斯科特·斯洛维克（Scott Slovic）教授所著《走出去思考》一书，中文版由韦清琦翻译，北京大学出版社出版。该书在生态批评兴盛于中国初期影响颇大，也让中国学术界更多人了解到斯洛维克的生态观点和理念，即走出去，融入大自然去思考。不过，本文不拟讨论生态批评问题，只是借助斯洛维克这本书的书名，讨论一下对中国文化“走出去”的思考。

关于中国文化以何为载体“走出去”、中国哪些文化要“走出去”的问题，最近习近平总书记的两次重要讲话非常值得我们注意和认真学习。一次是2021年4月19日，习近平总书记在考察清华大学时所讲：“要增强文化自信，以美为媒，加强国际文化交流。”这个“美”，自然包括美的文学、艺术；这个“媒”，即媒介、载体。另一次是2021年5月31日，中共中央政治局就加强我国国际传播能力建设进行第三十次集体学习。习近平总书记在主持学习时强调：“讲好中国故事，传播好中国声音，展示真实、立体、全面的中国，是加强我国国际传播能力建设的重要任务。要深刻认识新形势下加强和改进国际传播工作的重要性和必要性，下大气力加强国际传播能力建设，形成同我国综合国力和国际地位相匹配的国际话语权，为我国改革发展稳定营造有利外部舆论环境，为推动构建人类命运共同体作出积极贡献。”

4月19日，习近平总书记在考察清华大学的讲话中还勉励广大青年立大志、明大德、成大才、担大任，自觉用中华优秀传统文化、革命文化、社会主义先进文化培根铸魂、启智润心，加强道德修养，明辨是非曲直，增强自我定力，矢志追求更有高度、更有境界、更有品位的人生。在我看来，在中国文化对外传播的过程中，只要把中华优秀传统文化、革命文化、社会主义先进文化的语境与特色营造好、铺垫好并讲清楚，它们是可以作为传播内容而“走出去”的。

5月31日，习近平总书记在主持学习时发表的重要讲话还指出，要加快构建中国话语和中国叙事体系……打造融通中外的新概念、新范畴、新表述，更加充分、更加鲜明地展现中国故事及其背后的思想力量和精神力量。要加强对中国共产党的宣传阐释，帮助国外民众认识到中国共产党真正为中国人民谋幸福而奋斗，了解中国共产党为什么能、马克思主义为什么行、中国特色社会主义为什么好。要更好推动中华文化走出去，以文载道、以文传声、以文化人，向世界阐释推介更多具有中国特色、体现中国精神、蕴藏中国智慧的优秀文化。要注重把握好基调，既开放自信也谦逊谦和，努力塑造可信、可爱、可敬的中国形象。

6月21日，习近平主席给北京大学的留学生们回信，鼓励他们更加深入地了解真实的中国，把想法和体会介绍给更多的人，为促进各国人民民心相通发挥积极作用。习近平在回信中说：“你们主动了解中国国情和中国共产党历史，这对了解中国的过去、现在、将来十分有益。读懂今天的中国，必须读懂中国共产党。”

2020 年 5 月 17 日，习近平主席还给北京科技大学全体巴基斯坦留学生回信，对各国优秀青年来华学习深造表示欢迎，鼓励他们多同中国青年交流，同世界各国青年一道，携手为促进民心相通、推动构建人类命运共同体贡献力量。

系统学习习近平总书记有关中国文化传承和传播的讲话精神，即能领会传承传播的方式方法和内容。

各美其美　美人之美

我的专业是比较文学与世界文学，招收博士生的方向是跨文化诠释与跨学科研究，其中包括文学与生态学、文学与社会学以及文学与宗教学等。由于来自世界各地的外籍博士生有着不同的宗教信仰，特别是来自“一带一路”沿线国家的同学有很多是穆斯林，所以他们对比较文学领域的这个研究方向很有兴趣。然而，通过长期与他们交流，我了解到许多穆斯林同学只认同自己的伊斯兰宗教信仰，对其他宗教，哪怕是世界公认的四大宗教中的其他三大宗教也不予承认，甚至认为除伊斯兰教之外，其他均称不上宗教，当然更不会承认中国传统文化中的“儒释道”内涵。为此，我专门开设了“文化多样与宗教多元”课程，选取全球公认的著名文学家、教育家、思想家、哲学家及宗教学家的著作作为课程参考书，不同国籍、不同种族、不同肤色、不同信仰、不同文化背景的硕士生、博士生同堂上课、共同讨论，将费孝通先生生前所讲的“各美其美，美人之美，美美与共，天下大同”的理念贯穿于授课过程和课堂讨论当中，收到了良好的效果。结课周，我结合自己编著的《全球伦理读本》，将习近平主席提出的“人类命运共同体”的思想向全体选课同学作了全面阐释。课程结束时，同学们纷纷表示，通过这样的课程，大家不仅懂得了尊重别国文化、尊重其他信仰、保持文化多样性的道理，还更加明确地感受到学习中国文学和文化的意义所在，感受到自己身上所肩负的开展人文交流、营造世界和平家园的重任。显然，他们明确地意识到，成为一位汉学家，不仅仅是要写好一篇博士学位论文，而且要成为一个推动中外人文美好交流的真正使者。在这样的课程影响下，曾任伊朗前总统内贾德中文秘书的伊朗博士穆凯完成了有关儒家文化与伊斯兰文化比较的博士学位论文并顺利毕业，现在与随后毕业的同学叶席博士同在伊朗一所科技大学任教，成了内贾德的同事。埃及博士穆罕默德·谢赫则完成了孔子与安萨里文化思想比较的博士学位论文并顺利毕业，现任教于埃及明亚大学中文系。教书之余，谢赫还将两部重要著作翻译成了阿拉伯语，由国内的华文出版社出版并向阿语国家推广，今年 8 月 20 日至 25 日他还应邀参加了北京国际书展。意大利同学乐安东则被意大利萨伦托大学和奥地利维也纳大学同时录用为汉学教授。

知华　友华　爱华

长期生活、工作在北京语言大学，常常听从事管理工作的同事讲，我们对来华留学生的培养目标是，使其成为“知华、友华、亲华”的友好人士和人才。我在指导与培养我的学生时，把这个目标修改成了培养“知华、友华、爱华”的汉学家。在与同学们的交往过程中，我曾有意识地做过一个小调研，所有同学均赞成用“爱华”替代“亲华”。有的同学说凭感觉“爱华”更亲切，“亲华”有点“见外”；有的同学说“爱华”更容易翻译，“亲华”不好翻译；有的同学则说：“我爱自己的国家，我也爱中国！这并不矛盾。‘爱华’，是我们的真诚表达，所以，我们会穿印有‘I LOVE CHINA’的衣服，会喊出‘我爱中国’的口号！”

在我看来，培养青年汉学家的工作，要把“知华、友华、爱华”放在第一位，否则，他们即使毕业了，拿到了博士学位，也不能算是培养得成功，甚至不能称其为汉学家。我曾发表文章表达自己对“中国通”的看法，认为对有些外国人就不能夸赞他们为“中国通”。比如，那些只是学会了一些街巷俚语甚至骂人话就出来“混世界”的人，那些只看中国“阴暗面”而非全貌的人，那些一味发表“负能量”言论的人，等等。对“汉学家”这样一个具有荣誉感的称呼，同样应该赋予更为深刻的内涵，而“知华、友华、爱华”就必不可缺！这也是我们在教育领域常说的“又红又专”和“德才兼备，以德为先”，培养汉学家亦不例外。秉承这样的理念培养每一位外籍博士同学，才能使他们配得上“青年汉学家”的称呼。十年来，一批又一批外籍博士生入读比较文学与世界文学专业，一批又一批学生获得博士学位，他们在自己的工作岗位上肩负着青年汉学家的荣誉和使命，作为“知华、友华、爱华”的人文交流使者，向世界介绍中国优秀文化，促进中外人文交流。被评为北京语言大学 2019 年度唯一一位优秀外籍博士毕业生的埃及同学叶海亚，在读期间就翻译出版了大量中国著名作家的文学作品，不仅引得各大媒体争相报道，而且被中国作协、文联主席铁凝称为“不可多得的翻译家”。正是在大量翻译实践的基础上，他写出了博士论文《中国当代文学在阿语世界的传播研究》，受到学术界高度赞赏和评价。目前，我国已有多所大学的翻译和研究机构邀请他前往就职。早年毕业的突尼斯博士哈立德也多次受邀参加文化部举办的青年汉学家研修活动并接受媒体采访。

“终身为父”与“爱生如子”

就比较文学与世界文学学科来讲，由于起源于西方，且长期受“西方中心主义”影响，“西方话语”一直占据本学科领域的主导地位。尽管这些年来经过中国学者的不断努力，加之中国作家在创作实践方面的出色成就，中国的比较文学与世界文学研究在国际上取得越来越多的话语权，但中国文学在世界文学中所占的份额仍微乎其微。这些年来，随着中国文化“走出去”战略的提出，中国文化与世界交融的步伐不断加快，中国文学与西方文学在份额上的差距也在不断缩小。在我看来，要想落实中国文化“走出去”，首先要做好中国文学“走出去”工作，我曾出版《文化与全球化》一书阐述这一观念形成的学理依据与现实条件。为了实践这样的观念，我找到机会与我国著名作家贾平凹担任主编的《美文》杂志合作，从 2015 年 11 月起开办“汉风专刊”，每月出版一期，每期一个印张共 16 页，专门刊登有关中外人文交流的散文作品，让各国留学生和外籍作者的作品在此专刊“唱主角”，至今已出版近 50 期。

《美文》杂志“汉风专刊”曾举办“汪曾祺散文奖·我的老

师”主题征文活动，评委会收到来自世界各地的上千篇稿件，我指导的几位外籍博士也参加了这次活动。在审阅大量稿件的过程中，我多次看到这样的表述：“在中国优秀的传统文化当中，老师的地位非常高，非常受尊重，所以有‘一日为师，终身为父’的说法。其实，不仅仅在中国文化传统中是这样，在其他国家或民族的文化传统中又何尝不是如此呢？”每次读到这样的表述，我都会反躬自问：学生视你为终身之父，你是否做到了爱生如子？

回想与这些外籍硕士、博士上课、交流和相处的日子，回想在指导和培养他们成长、成才，成为名副其实的汉学家过程中自己的一言一行，我认为自己做到了爱他们如爱自己的孩子。叶海亚说：“我很小就失去了父亲，我感觉您就像我的父亲一样。”伊朗博士苏德说：“您不但是我的博士导师、人生导师，还是我的父亲。”土耳其硕士伊波则说：“您像父亲一样爱我们，是我一生最好的老师！”……

2019 年，也可以说是我进行人才培养的一个丰收年，共有 6 位博士和 4 位硕士毕业，其中外籍博士 4 名、硕士 1 名，分别来自泰国、埃及、苏丹、伊朗和土耳其等 5 个国家。毕业典礼后，我在微信朋友圈发了与他们在中国国旗下的合影并留言：

我愿是枯树
只要你们是常青藤
我愿是瓦砾
只要你们金光闪烁

我愿意白发满头

只要你们拥有似锦前程

亲爱的同学们

再见，加油！

…………

同学们的留言则多是：老师，我们爱您，爱北语，爱中国！

作为北京语言大学的一位普通教师，我有一个很朴实的想法，就是真诚而热切地希望他们成为名副其实的汉学家、外交家或政要，能成为像穆拉图和托卡耶夫那样的国家元首更好。让我们为他们骄傲，为他们自豪！

德行言语　敦睦天下

在国际中文教育领域，北京语言大学的核心地位不言而喻、毋庸置疑，既是该领域的“始拓者”，又是整个历史的“见证人”，还是发展“风向标”。进入新世纪，这所高校的官方简介曾有几次更新，但核心信息没有太多变化。比如：“北京语言大学是中国教育部直属高等学校，是在周恩来总理的亲自关怀下建立的，创办于 1962 年。1964 年 6 月定名为北京语言学院，1974 年毛泽东主席为学校题写校名，1996 年 6 月更名为北京语言文化大学，2002 年校名简化为北京语言大学。”“北京语言大学是中国唯一一所以对来华留学生进行汉语、中华文化教育为主要任务的国际型大学，素有‘小联合国’之称。”“北京语言大学从事汉语国际教育和中华文化教育历史最长，规模最大，师资力量最雄厚。”

曾有一位作为高层次人才引进到北京语言大学、后来任学校副校长的著名学者，说过这样一段令人印象深刻的话：在高校，特别是在中国高校，“一把手”常常能够决定一所高校的命运。伴随 21 世纪的到来而到北京语言大学履职的“一把手”中，有一位女性，在今天仍值得一提。她就是北京语言大学原党委书记、校务委员会主任王路江教授。回望过去，北京语言大学在这位“一把手”的手中命运如何，在全球国际中文教育和服务中华文化“走出去”战略中作出了什么样的贡献，正是我们有意记录王路江女士的初衷。我们之所以把目光瞄向过去，则因为是非功过还需后人评。

中外交流的文化使者

1985年，时任法国驻中国大使的马乐先生代表密特朗总统授予北京语言大学一级教授盛成先生法兰西共和国荣誉军团骑士勋章。

25年之后，时任法国驻华大使的苏和先生将一枚代表法国政府国家级最高荣誉的国家功勋骑士勋章别在了北京语言大学校务委员会主任王路江教授的胸前。两枚勋章，授予了不同时代的两位北语人，彰显的是同一种精神：促进中法文化交流，共建人类美好家园。

2011年金秋时节，新任法国驻华大使白林女士履新不久即主动与王路江主任商议，将象征中法关系和两国人民友好情谊的“中国法语年”开幕式确定在北京语言大学举办。时任国务委员刘延东与法国国务部长兼外交与欧洲事务部长阿兰·朱佩出席活动并致辞。这既是个人的荣誉、北京语言大学的骄傲，也是国家间人文交流友好往来的见证。

在20世纪初叶苦苦思索和寻求救国之路的书生学子、仁人志士当中，盛成先生在黄兴夫妇的资助下与小平同志同船踏上赴法勤工俭学之路。他是周恩来的挚友，法国共产党的缔造者之一，也是毕加索、海明威的好友。他用法文写作的《我的母亲》由法国文豪瓦雷里作序，蜚声世界文坛，也赢得了国人的赞誉，被北语师生誉为中华文化“走出去”第一人……

世纪之交，教育部任命王路江为北京语言大学党委书记，兼任校务委员会主任。踏着先辈传播和弘扬中华文化的足迹，王路江女士带领北语师生翻开了北京语言大学开展汉语国际教育和中国文化传播的新篇章。其后的十年间，王路江女士先后出访英国、法国、美国、西班牙、葡萄牙、意大利、日本、韩国、泰国、马来西亚等数十个国家，穿梭往来于不同的大学之间，为寻求校际合作、建立孔子学院奔波劳顿，不辞辛苦。为了使自己的每次出访都有较高效率且符合国家有关外事规定，她每次出访都安排最紧凑的时间、最经济的路线，争取多到几个地方，因此有时在一天内就要跨越东西、南北半球来完成工作任务。即使有时能在某个国家待上两到三天，也需要“转场”多处，常常得不到休息、吃不上饭。尽管如此，王路江女士每次与外方会谈时都能精神饱满、神采奕奕，给对方留下深刻而美好的印象，她的高雅风采、大度谈吐常常令外方折服。美国前国务卿基辛格博士称她为“众里难寻、令人钦佩的文化使者”。当问及王路江女士为何在如此紧张、辛苦和劳顿的旅行之后还能保持旺盛精力时，她回答说，自己的每次出访都肩负着北京语言大学广大师生的重托，是一种责任感和使命感让她忘我劳作、倾力投入，每每想到要与外方对等负责人谈合作、签协议，她都有一种由衷的兴奋和油然而生的力量，有使不完的劲头。她说，自己要接过前辈汉语推广者、中国文化的传播者点燃的火炬，让它在全世界薪火相传，生生不息，发扬光大。

北京语言大学是法语联盟的合作方，王路江女士是当时中法合作办学机构北京法语培训中心的理事会主席。在她的主持下，双方建立起相互信任的关系并获得巨大成功，为中外文化交流界所广泛认可和称道。法国大使苏和代表政府赞誉她说：王路江女士从担任北京法语培训中心理事会主席以来，在法律、教学等多方面为北京法语培训中心的良好运行提供了保障。王路江女士有决心、有魄力，勇于开拓，一直以来，她对北京法语培训中心的各项工作给予了极大关注。她鼓励培训中心不断壮大，两年内即已经建立了三处教学基地。王路江女士致力于推进法语联盟在中国的发展，她领导的北京法语培训中心成为当时法语联盟中国区的合作典范，为中法两国教育领域的交流与合作作出了巨大贡献。

不仅是法国，王路江女士还曾担任北京语言大学与国外合作创办的多家孔子学院的中方理事长，她事必躬亲，被外方誉为“名副其实的理事长”。为此，日本7所外国语大学中学生人数最多、办学规模最大的关西外国语大学授予其名誉博士，以表达对其卓越贡献的肯定，彰显其推动中日文化、教育交流的业绩。这是关西外国语大学历史上第一位获此殊荣的女性。在北京语言大学，王路江女士当年还分管港澳台事务，担任澳门语言文化研究中心管委会主席，为此她同样倾注了大量的心血。2009年5月在澳门召开的“‘中国和平发展：机遇与挑战’——庆祝中华人民共和国建国60周年、澳门回归祖国10周年国际学术研讨会”上，时任澳门特别行政区行政长官的何厚铧先生赞誉她说：王路江女士领导的北京语言大学为澳门特区政府培训了700多名政府公务员，并先后派遣了20余名教师赴澳门从事普通话教学，为普通话在澳门地区的推广做了大量工作，对澳门的发展作出了很大贡献，可谓功德无量。

“功夫不负有心人”，这句古老而又朴实的中国谚语，在这里又一次应验。在王路江女士的努力下，北京语言大学先后与80多所国外、境外世界著名高校建立校际合作，当时即在美国、英国、法国、古巴、墨西哥、韩国、日本等国家建立孔子学院16所，居全国高校之首。在她的推动下，中外双方齐心合力、精诚合作，为孔子学院探索出了一条平等合作、互利共赢的独特的办学道路，各地孔子学院的联系和交流日益加强，通过相互借鉴、取长补短，带动着中外文化、教育交流工作提高到了一个新的水平，使各国人民之间的友谊锦上添花，日益走向和谐与美好！

汉语国际教育航空母舰的舵手

北京语言大学有很多美誉，比如，“小联合国”“对外汉语教学核心基地”“汉语国际教育航空母舰”，等等。

“航空母舰”的说法，来自其半个多世纪始终以汉语教学和中华文化传播为己任，始终把国际中文教育作为中心任务。北京语言大学的前身北京语言学院主要接收国家通过外交渠道招收的“公费生”，当时的北语在全国几乎处于留学生招生、培养与管理的全程“垄断”地位。20世纪80年代，随着改革开放的逐步深入和扩大，对来华留学生的接收和培养逐步由国家计划任务型转向国家任务和市场自由选择相结合,开始招收自费留学生。同时,有资格招收留学生的学校由开始的几所试点高校扩大到全国各类高校,形成许多对外汉语教学的"旗舰学院",市场上各种社会力量所办的汉语学校、汉语中心也乘势如雨后春笋般涌现出来,参与到汉语教学的热潮之中。到 20 世纪末,留学生市场一时间"群雄四起","逐鹿中原,不辨雌雄"。北京语言大学这艘汉语国际教育的"航空母舰"面临着前所未有的挑战。

这样一所高校必然受到外部环境的影响,当年亚洲金融风暴的突然到来,使得来华留学生数量锐减,占自费生份额较大的韩国、日本、马来西亚、印度尼西亚等国的留学生纷纷回国……北语人开始为这艘"航空母舰"担忧,同时期盼它能在汹涌风浪中搏击激流,勇往直前,去迎接风雨之后的彩虹……

1999 年,教育部对王路江女士的任命书下达到北京语言大学(时称北京语言文化大学)时,与其说北语师生在那时就看到了希望,不如说大家当时更多的是观望和迟疑。人们不免心生疑虑:在这样一个需要重新确立航向的关键时刻,一位女领导能否指挥和驾驭这艘"航空母舰"迎接风雨挑战?一个学工科的"外行"能否领导内行?如何使北京语言大学实现艰难转型?这样的疑虑和看法有其必然的逻辑,毕竟,在北京语言大学的历史上,她是第一位女性"一把手"。

期望,希望,观望,在人们各种各样的议论和想法当中,王路江于 1999 年 9 月 1 日悄然赴任。她立马全身心地投入工作,通过认真调研,通过听取、采纳专家学者和一线教师的意见、建议,通过与同时期新任的校长曲德林教授密切配合、通力协作，进行了一项又一项大胆而深得人心的改革。学校提出要在“十五”期间全面打破过去单科发展、单脚走路的状况，在保持原有对外汉语教学优势和特色的前提下，突出学科建设的重要地位，大胆创新，积极开拓，建立围绕汉语国际教育的辅助学科，全面面向留学生市场，保证北京语言大学汉语国际教育“航空母舰”的地位不动摇。随后，王路江女士又亲自创意提出“建设国际型高水平学校，培养国际化复合型人才”的口号，确立教学、科研并重的发展理念，学科建设成绩斐然。在她的带领下，学校建立起教育部哲学社会科学重点研究基地，实现了重大飞跃和跨越式发展，取得了中国语言文学一级学科博士学位授予权，同时取得外国语言文学一级学科硕士学位授予权，顺利完成了建设国际高水平大学的战略转型，跻身国内同类高校前列。

“十一五”期间，走在复兴之路上的中国大发展带动了文化的大繁荣和“走出去”战略，“汉语热潮”一浪高过一浪，在全世界涌起。在此形势下，王路江女士带领全校上下积极谋划，把握航向，坚持把特色型大学建设与国家民族的重大需求紧密结合起来，与中国文化大繁荣、大发展和“走出去”战略紧密结合起来，把北京语言大学打造为“让世界了解中国的窗口，让中国走向世界的桥梁”；坚持突出特色与规范办学的实践统一，与时俱进，科学发展，提出“创新办学理念，强化办学特色，提升汉语国际教育水平”的实践载体，实现了北京语言大学本科生和硕士、博士研究生教育的学科门类涵盖文学、经济学、历史学、法学、工学、教育学和管理学等学科领域的目标。不仅带领学校一举获得外国语言文学博士学位授权一级学科、计算机科学与技术硕士学位授权一级学科,而且按照党中央和国务院的指示精神,为在学校所关涉的学科领域实现人才培养向专业学位的转型奠定了坚实基础。学校还涌现出一大批语言学、文学、国际政治、语言信息处理等研究领域的知名学者,形成了一批具有发展潜力的重点学科,让北京语言大学这艘重量级"航空母舰"开足马力、乘风破浪朝着国际型高水平大学奋勇前进。在申报外国语言文学博士学位授权一级学科时,北京语言大学创全国先例,打破以往按语种分二级学科的惯例,重新整合语言和文学类别,精心设计出包括外国语言学及应用语言学、理论语言学、跨文化研究、翻译学等在内的 6 个二级学科(语言文学各 3 个),一举申报成功。后来,国家调整外文一级学科下二级学科名称时,认可并采用了其中 5 个。

当年,北语人正沉浸在"十一五"期间所获得的各项成果的喜悦中时,王路江女士已考虑和部署了学校"十二五"发展规划。她说,成绩只代表过去,北语要想保证"航空母舰"的位置必须未雨绸缪。她敏锐地发现,尽管外国语言文学也取得了博士学位授权一级学科的好成绩,但在中国语言文学一级学科取得快速发展的过程中,作为北语"两翼"之一的外国语言文学一级学科并未得到科学、平衡发展。就此,作为北语领路人的王路江深感忧虑,多次召集有关部门负责人会议,研究制定推进外国语言文学一级学科与中国语言文学一级学科和谐、平衡发展,让"两翼"都要硬、都要飞得高飞得远的策略,为北语下一步的奋斗目标指明了方向。

十余年间,单单是围绕汉语国际教育战略和北京语言大学科学发展这样的主题，王路江女士就先后在各种重要报刊上发表理论文章50余篇，这些文章将作为一笔国际中文教育的宝贵财富载入史册。

王路江凭借卓越的领导才能和驾驭全局的才干，对事业竭尽全力的热情，对他人充满人文关怀的人格魅力，赢得了北语师生的尊敬。从事对外汉语教学多年的老教授钟梫先生当年评价到，北京语言大学在王路江的带领下实现了从单一的汉语培训到汉语教学整体学科全面建设的战略转型，这是史无前例的大发展。北京语言大学成立之初就来校任教的著名语言学家方立教授当年也说，王路江是他见到的最务实的书记，在她的带领下，北语一定能在不久的将来实现中文和外文的“两翼”齐飞。

对于北语广大的中外师生校友来说，2009年的最后一天在北语历史上必定是一个值得纪念的日子。当日下午，时任中共中央政治局委员、国务委员刘延东来到北语考察，亲切看望了学校师生，并代表党中央、国务院向各国来华留学生致以新年问候与良好祝愿。她在参观了中外师生书画展暨新年笔会、北语校史展和对外汉语教材展后指出，希望来华留学生亲身感知发展、开放、文明的中国，成为博学广识的“中国通”，成为中外文化交流的友好使者和增进中国与世界各国人民友谊的桥梁。她充分肯定了北京语言大学坚持特色办学，在中外文化交流和人才培养等方面所取得的突出成就。希望学校利用多语种、多学科的优势，推进学科交叉融合，培养高端涉外人才，创新探索便于留学生接受的教育模式和方法，为各国青年来华学习提供优质服务。

刘延东的讲话是对北语近10年来与时俱进、科学发展所展现的办学特色和办学成就的进一步肯定，是对当年北语在国家汉语国际教育事业中的重要地位和独特作用的进一步肯定，当然也是对北语“掌舵人”工作的进一步肯定。王路江当时说，刘延东国务委员选择了一个特殊的时间到北语并发表新年贺词，对北语广大师生而言，是一种荣誉，一种激励，更是一种责任，一种使命。北语一定会以此为契机，乘势而上，坚持特色办学，培养国际化高端人才，加快国际型高水平大学建设进程，在汉语国际教育事业中发挥更大作用。

心系广大学子的教育官员

在教育部任命到直属高校任职的领导当中，王路江应属高等教育界公认的非常成功的一位。在此之前，王路江在教育部高校学生司有着16年的工作经历，先后任分配一处副处长、就业处处长、司长助理、副司长兼全国高校学生信息咨询与就业指导中心主任等职。教育部高校学生司是教育部一个非常重要的部门，特别是在计划经济年代，全国毕业生工作的分配计划就是从这里发出，以这里为中心分送到全国各类高等院校，再把工作岗位落实到每一位高校毕业生头上。王路江那时负责的就是这项重要工作。她深知这份工作的神圣性及自己肩负的责任重大，稍有疏忽就会改变学生们的命运，所以总是一丝不苟地工作，每年都能出色地完成各项任务，深受全国毕业生就业战线同志们的赞誉和爱戴。

那时，她经常加班，孩子小没人照看就干脆委托邻居照顾，以至于孩子上了小学还经常到邻居家里"蹭饭"。

王路江女士青年时代曾在黑龙江生产建设兵团进行锻炼，1973年经推荐并以全团考试排名第一的成绩被清华大学无线电系录取，毕业时因成绩优秀、德才兼备留校任教。在清华无线电系任教期间曾借调到北京高教局参加毕业生分配就业工作，借调期间她作为一个刚刚留校不久的青年教师，深知这份工作对每个学生及其家庭的重要性。她和同事们一起解决了很多分配难题，争取对每个学生的安排和工作分配都符合政策，都公平公正合理，让每一个学生心服口服。这个阶段的工作经历，为她今后在教育部长期从事毕业生就业工作打下了很好的基础。在随后十多年从事毕业生就业工作过程中，她心系广大学子，对毕业生的心情感同身受，帮助不计其数的毕业生找到合适的工作，而她从来不图回报。不少以前得到过她帮助的学生成长为著名教授学者或知名人士之后，还常常写信或以其他方式提及她的帮助，而她总是笑着说："那是应该做的，我都忘了！"

王路江的中学阶段是在中国人民大学附中度过的。据当年她的老师和同学们的回忆，少年时代的王路江不仅思维敏捷、学习刻苦、成绩好，而且尊敬老师、热爱集体、关心同学，又包容大度、聪明活泼，是德智体美全面发展的一位优秀学生。她当时颇爱体育运动，篮球、田径、游泳成绩俱佳，多次代表学校参加区、市举办的比赛，常常为学校赢得荣誉。后来进入清华大学无线电系，那时进入清华学习，还不是像今天这样只看高考成绩，必须是德智体美全面发展的学生才有可能被清华录取,对政治的要求更高。青年时代的王路江能够进入培养出著名政治家、科学家、经济学家和各领域学术大师的清华大学,成为当时青年学子的楷模,已经印证其卓越和优秀。

作为一名教育工作者,王路江女士常常教导年轻一代,要懂得感恩生活、感恩社会、感恩前辈、感恩老师,同时又对自己的学生和晚辈关爱有加、体贴入微。她从未因自己职位的升高而忘记自己的启蒙老师,更不会因为自己是学校领导和研究生导师而慢待同学。作为部属高校的党委书记,其忙碌程度可想而知,但每逢节日她都会看望学校离退休老教师、客座教授,能记住每位前辈师长以及自己指导的研究生的生日,一定会在他们每个人生日时表示祝贺。她常说,当代社会人的成长、社会的进步不仅需要高智商,更需要好的情商。给师长、同学祝贺生日并非是看重物质的表达,而是表明对生命的尊重和对人生的人文情感。当年,一位前辈师长80岁寿辰,王路江书记给老人带去了80朵鲜艳的玫瑰。老人抱着这束玫瑰并把王书记揽在身边对前来祝寿的所有亲朋好友说:"她的风格就是这样,既不时大刀阔斧、常有大手笔,又情感细腻、无微不至,让人感动不已!"

"德行言语,敦睦天下",是农历丁亥年中秋节王路江女士看望季羡林先生时,时年96岁高龄的季老欣然提笔写下的赠言,既表达了对北京语言大学所作贡献的敬意,也寄托了对北京语言大学的美好祝愿。王路江女士跟季老说:请您老放心,我会带领北语人积极进取,追求卓越,把"德行言语,敦睦天下"的精神不断发扬光大。

时至今日,季羡林先生的赠言不仅成为北京语言大学的校训,也成为北京语言大学官方微信公众号最醒目和唯一一句标识语和口号。

文明互鉴：
情感交融　直通人心

“茅奖”的启示

2019 年 8 月 16 日,第十届茅盾文学奖获奖作品揭晓,上榜的五部作品分别是梁晓声的《人世间》,徐怀中的《牵风记》,徐则臣的《北上》,陈彦的《主角》和李洱的《应物兄》。

因为是梁晓声老师的同事,且《人世间》以最高得票力拔头筹,所以我首先关注到的是这部作品,也特别关注了梁老师在第一时间对《现代快报》《北京青年报》记者采访的回答。网络上对《人世间》的介绍基本是一致的:《人世间》是著名作家梁晓声饱含深情的总结性作品,展现了作家丰厚的生活积累和健旺的创作活力,标志着梁晓声新现实主义小说创作的新高度。《人世间》是我国近 20 年来现实主义文学的重要收获,小说从 20 世纪 70 年代一直写到改革开放后的今天,多角度、多方位、多层次地描写了中国社会的巨大变迁和百姓生活的跌宕起伏,堪称一部“五十年中国百姓生活史”,是近年来不可多得的与时代相匹配的现实主义巨著。也有媒体描述得更为细致:这部作品中有梁老师个人及其父母、兄弟姐妹的身影,是一部由个人命运变迁反映社会生活巨大变革的伟大作品。

《北京青年报》对梁晓声的采访中,有这样一段文字:作者感同身受,满怀深情,立足底层,直指人心,于人间烟火处彰显道义和担当,在悲欢离合中抒写情怀和热望。他(梁晓声)说:“我从小生活在城市,更了解城市底层百姓生活。我有一个心愿——写一部反映城市平民子弟生活的有年代感的作品。我一直感到准备不足,到了六十七八岁,我觉得可以动笔,也必须动笔了。我想将从前的事讲给年轻人听,让他们知道从前的中国是什么样子,对他们将来的人生有所帮助。”

因此,有不少网友评价说:我坚信人生不能没有文学,因为文学可以直抵人心和灵魂。

我赞同这些网友的看法,也认为人生不能没有文学。文学是浓缩的人生,是鲜活的历史。《人世间》只三卷,就是一部“五十年中国百姓生活史”,这是其他文字样式难以承载和实现的。《人世间》如此,其他成功的文学作品,莫不如此。

文学的力量

为庆祝中华人民共和国70周年华诞，各行业都有行动，文学界颇具影响力的“我和我的祖国”“大片”，莫过于中国作家网推出的《文学的力量》系列视频。在其正式上线之前，作为精彩预告的“官宣”文章有一段话，我们不妨抄录于此：

即使隔着千年的时光，我也能辨认出那些从未见面而世代熟知的面庞，那是因为文学；

即使隔着万里的距离，我也能与那些至亲至情的人共一片月光，那也是因为文学；

即使身处无限的黑暗，我也能讲述阳光与海岸，那还是因为文学。

这部六集系列视频，虽未像《中国机长》《我和我的祖国》以及《攀登者》在院线赢得几亿、十几亿元票房，但对于我这样一位长期倡导“文化‘走出去’，文学当先行”的“文学爱好者”来讲，却是无比珍贵的，因为它是对我所倡导的这一观点最为有力的支撑。视频当中有对许多著名作家、翻译家、科学家和文学界人士的访谈。在谈及文学的力量时，王蒙的回答是：我觉得文学的力量是对人们精神生活影响的力量；贾平凹的回答是：文学的力量基本上就是改变人心灵的东西，转化人心灵的东西；梁晓声的回答是：能够带来人们的警醒；

物理学家陈佳洱的回答是：科学是追求真理，文学是求真求善求美；刘震云的回答是：万千的心事汇到一起就成了洪流，这个洪流的力量，在文学中重新把它给打捞出来，彰显在这个世界上；梁鸿的回答是：能够获得对社会的理解，能够获得一种理性，能够使你对你自我的生活有一个重新的反观……

这些名家的回答都很深刻，都很值得赞赏和钦佩。但在我看来，还是王蒙和贾平凹的回答“最有力量”。也许这正是这篇网上的“官宣”文章只截屏他们两位回答的原因吧。

在谈及“文学的力量”时，我们应该想起鲁迅弃医从文的例子。的确，这个事例完全可以说明，文学具有救治一个人、一群人甚至一个民族心灵疾病、精神疾病的力量。这也正是王蒙、贾平凹所讲的“精神影响的力量”和“改变人心灵的东西”。从此意义上，谁又能低估作为诗人的毛泽东“宜将剩勇追穷寇，不可沽名学霸王”对推翻蒋家王朝、建立新中国所起到的作用和力量？

事实上，人的肉体疾病、身体痛苦也多来自精神和心灵的疾病和痛苦，要想解除肉体疾病、身体痛苦，应先改善精神和心灵，所以有些高校开办了“文学治疗系”。最近，中国医学科学院阜外医院一位叫杨进刚的大夫在一次演讲的最后一段话，同样说明了这样一个道理。他说：下医医病。如果你作为一个医生，你天天讲支架、药片、手术刀，你就是下医；如果你是一个中等的医生，你会关注人的行为，关注人的思想，关注的是人而不是病，也不是药；如果你能做到上医，那么你就会创造和谐而健康的环境，造福一方百姓，那就是最伟大的医者。

作为大众文化的文学

在古代中国，“文学”一词首见于《论语》之后，其义经历过多种变迁，英文的“literature”一词也不例外。据鲁迅先生所考，现代“文学”之概念和内涵皆源于日本对西语相应词汇的翻译。然而，无论中外，过去之“文学”要么属于“贵族”，要么属于“精英”，从来不像今天，文学显然已成为大众文化的一个重要部分。所以，前段时间“茅奖”获得者梁晓声在接受媒体的视频采访时，多次说到“文学——也就是文化……”

在英国伯明翰文化研究学派和德国法兰克福文化研究学派兴盛之时，与前者建立起来的最为核心的“文化研究”术语密切相关的概念之一，即是“大众文化”。“大众文化”之谓，即相对于“贵族文化”和“精英文化”的流行文化。而最初提倡大众文化的英国学者，几乎清一色是文学出身，在他们看来，文学是文化的表现形式，文化则是文学的内容。就此而言，电影、流行歌曲、选秀节目、电视剧、披头士、Ladygaga等等文化现象，都是“文学”，都是大“文学”，都是大众的“文学”……伯明翰学派的第二代、第三代传人更是把所有图文传媒均归入“文学”大类，把最初的文学理论演变为包括传媒在内的“文化研究”。

互联网改变世界，网络文学随之兴起，扑面而来。因为它的作者和读者均是“大众”，是广大网民，网络文学于是更成为大众文化的明显代表，当然也会被视为“文化研究”的重点对象。如今，以微信为代表的中国社交媒体更是日新月异，文学在从“文字文学”阶段经历过“读图时代”之后，又被推向了一个新的“读书”时代——“听读时代”，如“微信读书”和“喜马拉雅”上的“上官文露读书会”，等等。如果说早期的网络文学、手机文学往往容易造成“娱乐化”“消费化”和“碎片化”的阅读，那么，“听读时代”将有效地避免这一“读书”特征。

当然，总体来看，相对于实现价值转移的区块链，互联网实现的仍然只是信息转移。今天的文学不仅仅是大众文化的一部分，而且已经成为大众文化本身，是作为大众文化的文学。如此，将一切文化现象均作为“文化研究”对象的文学理论、文化理论，也会理所当然地研究支付宝、微信支付、物联网和区块链等实现价值转移的文化现象，研究这一现象的文化内涵和社会内涵，研究移动支付社会，研究区块链文化。

李子柒与李育善

最近,李子柒的视频非常火。我最初看到有关的视频和文章是通过INSIGHT(《视界》)的微信公众号,这个公众号推送了雷斯林的《李子柒到底算不算文化输出?》;随后,又在《人民日报》的微信公众号上看到了同样内容的“荐读”,标题为《因为李子柒,数百万外国人爱上中国》。

李育善,陕西省丹凤县棣花镇苗沟村人。我曾在一篇名为《“中国通”》的文章中,推荐过他的第三本散文集《惊蛰之后》。李育善从20世纪90年代即开始文学创作,先后在《人民日报》《美文》《延河》等报刊发表小说、散文数百篇。他尽管在陕西商洛一带小有名气,但也没怎么火过,即使火也火不过李子柒。

对于李育善的文字作品,贾平凹评价说:“顺着育善对文学的深入理解,不断实践,其作品慢慢发生着改变,这就是仍然生活味十足的描述,情节生动,细节丰富,文笔优美,却在文字与文字的空间充塞了一种气,膨胀而有张力,使作品有了浑然,有了大气象,其中对社会、对生命、对人性,多有独特的体悟,读后就多了嚼头和玩味。”李敬泽说:“我相信,育善会更深入、更耐心、更坚定地书写他的故乡。他会把苗沟作为世界地图的中心,这幅图的景象应是:苗沟—棣花—丹凤—商洛—陕西—中国以至世界。因为他真的认为世界应该这样展开，世界的意义就在于此。这样想世界的人，必有力量。”

再来选取大众对李子柒作品的几则评论。外国观众说：“她在重新向全世界介绍，被我们忘记的那些中国文化、艺术和智慧。”“她正在教我们，我们不了解的中国。”中国网友说：“她不光有一颗热爱生活的心，而且实实在在地在行动，以自己的勤劳、智慧、好学、能干，自强不息，把大多数人以为平淡无奇的乡村生活过成了有滋有味、如诗如画的自在样子。”“李子柒把中国最美好的田园生活、最美的乡村景色、最棒的手工和厨艺、最优秀的传统文化展示给全世界，令人惊叹、羡慕，心底升起安详美好的向往。”“当时李子柒的……那条视频给我一种接地气的精致，分分钟让我向往田园牧歌的那份踏实。”“民族文化，不只是那些高大上的，也有渗透于我们生活之中的点点滴滴，是普罗大众的智慧结晶。”“她‘演’出了千千万万具有乡土情节的中国人理想中的样子。”

可以见出，名家对李育善作品的评价，与大众对李子柒作品的评价有异曲同工之处。不过，这不是我要讨论的重点，也不是应该引起我们思考的重点，而我们应该讨论和思考的，是今天的文化传播方式如何与时俱进。20 年来，我们一直在寻找中国文化“走出去”的最有力和最有效“抓手”或“载体”，有人说是“中餐”，有人说是“中医”，有人说是“功夫”，还有人说是“剪纸”，是“舞狮”，不一而足。然而，李子柒并未在世界各地开中餐馆，也没有把她的竹床出口异国他乡，但她的中国文化视频却遍地开花，她所讲述的中国故事却令世人津津乐道,这是为什么?

总体上来讲,李子柒与李育善的作品都是文学作品,都是在“讲故事”,只是叙述方式不同。2019年12月,新晋诺贝尔文学奖得主、波兰女作家托卡尔丘克在发表题为《温柔的叙述者》的获奖演说时说:世界是由文字构成的,谁能讲故事编故事,谁就有掌控权,因此如何叙述这个世界具有巨大的意义。

文学已死?

近期的《文学报》微信公众号连续两篇“主推”文章皆与“死”有关。2019 年 12 月 28 日一篇,标题是《在“文学的不朽”这个问题上,那些名垂青史的作家都是怎么想?》,刊发内容是美国华裔作家哈金(金雪飞)在美国休斯顿发表的题为《文学与不朽》的演讲稿;紧接着,2019 年 12 月 29 日一篇,标题是《我们以每月失去一位名家的遗憾度过了 2019》,刊发内容是青年评论家张熠如对 2019 年欧美文学的盘点。

尽管“文学的不朽”、作家的去世和“文学之死”并非同一层面的论题,但这两篇“推文”仍不免让我想起在发表《作为大众文化的文学》和《李子柒与李育善》之后,与中国人民大学文学院的李丙权教授就“文学已死”所展开的讨论。讨论始于我对新晋诺贝尔文学奖得主、波兰女作家托卡尔丘克获奖演说《温柔的叙述者》的引用。托卡尔丘克在演讲中说,世界是由文字构成的,谁能讲故事编故事,谁就有掌控权,因此如何叙述这个世界具有巨大的意义。随后,她又说:然而如今,人类不仅没有准备好讲述未来,甚至连讲述具体当下也没准备好,我们缺乏语言、视角、隐喻、神话和新的寓言。文学市场的商业化、被市场和垄断者控制的互联网,使创作脱离了本质,反复被欺骗,误传或误导让读者失去了对虚构的信任,小说和文学变得边缘化。

由此,李丙权教授认为,托卡尔丘克实际上是在阐明"文学已死",就像海德格尔早就宣称的"艺术已死"和丹托宣称的"艺术的终结"一样,真正的、古典的、精英的"文学"和"艺术"已死,而"作为大众文化的"所谓"文学"已不再是原初意义上的"文学"。李丙权教授还建议我创造一个新词来指称当今大众文化意义上的"文学"。我回复说,虽可以将今日之"大众文学"称为"众娱"或"娱众",但对所谓"文学已死"一说,我仍不能认同。

文学艺术尽管有"阳春白雪"和"下里巴人"之分,但若察看"文学"之起源,无论是《荷马史诗》还是《诗经》,无一例外均来自民间和大众,后来才被皇室、贵族、精英、士大夫所"把玩"和欣赏,才成为文人雅士们曲水流觞之用,成为所谓真正"文学"和高雅"艺术"。

的确,近些年有一些西方学者和理论家像尼采声称"上帝已死"一样,声称"艺术已死""文学已死"或"一个学科的死亡"等等。这是西方学者"语不惊人死不休"的一种表达方式,曾被学术界视为通过"极端的片面"之宣称,或一鸣惊人,或警醒世人。事实上,丹托所言"艺术的终结"正是对艺术批评过度理性化和理论化的一种反抗,斯皮瓦克"一个学科的死亡"之说,也提醒了文学界为比较文学研究寻找未来之路。而作为大众文化的"文学"不仅没有死亡,反而在"众娱"过程中获得了新的生机,获得了某种繁荣。

纪念罗杰

即便有了电视，也很难改变英国人一边吃早餐一边看报的习惯。

2016 年 1 月 11 日早晨，我在英国曼彻斯特的一家小旅馆用餐，桌边有一叠当地人留下的报纸。报纸的封面新闻是大卫·鲍威(David Bowie)去世的消息，内文有“封面故事”详细介绍了他的一生，他被称为英国的“时尚传奇”。当天，我发了微信朋友圈，国内外许多朋友都了解他，评论了我的朋友圈。

2020 年 1 月 12 日，英国哲学家罗杰·斯克鲁顿(Roger Scruton)去世，我在北京向英国同事询问，他在报纸上有没有享有大卫·鲍威同样的“待遇”。当然，斯克鲁顿不是时尚明星，所以英国不会像对待明星那样对待他，中国人了解和研究斯克鲁顿的更是寥寥无几。然而，在我看来，他的学术地位不容忽视。

这倒让我想起另外一张报纸。2010 年，我陪校长崔希亮到美国出差，在华盛顿杜勒斯机场的咖啡厅等候转机，校长从报架上随便取了一张报纸，头版居然是著名语言学家乔姆斯基(Avram Noam Chomsky)批评美国的时评文章。这让我非常惊讶，虽然乔姆斯基大名鼎鼎，但在我的印象中他只是一个语言学家。此后，崔希亮校长曾邀请并促成了乔姆斯基前来中国访问，我才对他语言学家之外的左派“知识分子”身份有了更多的了解。乔姆斯基在语言学研究上的成名作是《生成语法》，而他在知识界的成名作则是《知识分子的责任》。

最近，美国大学教授艾布莱姆·肯迪(Ibram X Kendi)题为《你是知识分子吗？》(“Are You an Intellectual”)的演讲视频在学术领域的“朋友圈”中被广泛传看。演讲大意是：拥有博士学位、教授头衔的人并不必然意味着是知识分子，成为知识分子与拥有“知识”的量并不直接关联。知识分子是不断创新、开放包容的人，是不断自我反省、自我批判的人，是不断为人类而非个体追求真理的人。显然，肯迪延续了乔姆斯基的“知识分子”传统。

与乔姆斯基相比，生活在大洋彼岸英国的斯克鲁顿有很多不同。比如，斯克鲁顿出生的第二年，17 岁的乔姆斯基已进入美国宾夕法尼亚大学开始学习哲学和语言学；1971 年，当乔姆斯基与福柯(Michel Foucault)进行著名的世纪对话时，斯克鲁顿才刚刚开始在伦敦大学的教书生涯……除了这些之外，他们最重要的不同则是，乔姆斯基属于激进的左翼，斯克鲁顿则是保守主义的代表，可以说在思想观念上两人针锋相对。尽管如此，这些都不会影响逝去的斯克鲁顿与健在的乔姆斯基一样，被称为“知识分子”，因为他们有着同样的知识分子担当和批判精神。事实上，托利党议员丹尼尔·汉楠(Daniel Hannan)和历史学家蒂姆塞·阿什(Timothy Garton Ash)在悼念斯克鲁顿时是这样称赞他的：丹尼尔·

汉楠说，斯克鲁顿的去世，意味着英国失去了一位丰碑式的知识分子；蒂姆塞·阿什则称他为一位卓越的知识分子。

除了持之以恒的批判精神之外，思想立场的坚定性，也可以说是欧美知识分子的一大重要特征，而批判精神和毫不动摇的坚定立场，又恰好使知识分子得以发挥其在社会中的张力与制衡作用，以免社会发展和运行因滑向一方而“脱轨”或偏航。斯克鲁顿的保守主义立场形成之后，纵向上表现在他自始至终一直保持和维护这样的立场，横向上则表现在其思想和学术的方方面面。他一生为此而不懈努力，从政治学、哲学、美学等领域全面守卫传统，坚持保守主义立场，不断迎接左翼进攻和挑战，同时发起反击和冲锋。他曾在《新左派的思想家》(*Thinkers of the New Left*)中抨击包括福柯在内的14名杰出的知识分子，还曾因在专栏中撰文抨击民权运动、女权主义运动和反越战运动而遭到左派的攻击和围堵。

我们知道，民权运动、女权主义运动在当时曾获得很多人的支持和参与，可谓如火如荼，被认为是代表时代进步的运动，越战的失败也是世所共知的事实，反对越战的声音当时也是一浪高过一浪。斯克鲁顿却绝不随波逐流，而是像守护自己的信仰一样坚定保守主义哲学和政治立场。实际上，乔姆斯基就是一个激进的反越战运动的参与者，斯克鲁顿有一段时间曾在波士顿大学教书，离乔姆斯基所在的麻省理工学院(MIT)并不远。如果当初有人像安排乔姆斯基与福柯对话一样，也安排乔姆斯基与斯克鲁顿来一场对话，相信也一定会非常精彩。

政治上“逆潮流而动”或“不识时务”地坚持保守主义立场，常常会把自己置于孤立甚至非常危险的境地。就连特蕾莎·梅（Theresa May）执政的保守党政府也曾迫于多种压力而放弃对斯克鲁顿的支持，这让斯克鲁顿极度被动和寒心。正如他本人所说，“做一个保守主义者并非异乎寻常，但做一个保守主义知识分子则是异乎寻常的。在英国和美国，有70%的学界人士自称‘左派’；与此同时，认同传统价值或是对西方文明高端成就有任何与有荣焉的表示，那你所处的文化环境就变得敌意日深”，以至于知识界的保守主义同道只能“缄默谨慎而行”。然而，即便如此，斯克鲁顿也从未动摇，这就更使他显得尤为可贵。不过，坚定立场者终会有“回报”。斯克鲁顿曾被捷克斯洛伐克拒绝入境，但在东欧剧变后，捷克总统哈维尔授予其爵士勋章；去年12月，因为斯克鲁顿很早就意识到移民的威胁，捍卫了匈牙利免遭不公正的批评，匈牙利右翼总理欧尔班也为其颁发勋章；他支持脱欧，力主保持英国传统，也因此获英国女王颁授的爵士头衔。

斯克鲁顿还是一个特别纯粹的人，或者说，是一个全方位的保守主义知识分子。保守主义不仅仅表现在其政治立场，也表现在其哲学、美学等观念立场，在他身上这些观念都是一体的。正是这样相互支撑的观念，使他在长期的学术著述及社会活动中构筑了独特而坚固的保守主义思想体系，而正是这样坚固的思想体系，使他有底气对新自由主义主导下的现代西方社会诸领域的发展，不断发出批判与抗争的声音。比如，斯克鲁顿著有《音乐美学》和《建筑美学》，且因在美学方面的造诣而当选英国政府的“建设更好更美房屋委员会”(Building Better, Building Beautiful Commission)主席。他将自己的美学观念置入建筑领域的美学实践当中,呼吁建筑师们为了拯救城市而抵制现代主义。

梁实秋与林语堂

若说梁实秋先生介乎古典与浪漫之间,如其赠刘真言中所叹,“平生意气消磨尽,双鬓压清霜。知我者谁?古典头脑,浪漫心肠”,那应是针对其文学作品或文艺思想而言。更准确些说,如果对其1949年离开大陆赴台湾前的文学作品和文艺批评作一较为简洁的界定或评价的话,用“古典与浪漫之间”来描述应是再恰当不过的了。梁实秋先生本人1927年出版的《浪漫的与古典的》也不失为一个合适的佐证。但是,如果描述他80余年的整个人生,特别是他迁台之后近40年的人生,绝不是浪漫或古典这类属于学术范畴的用语所能简单而又确切地涵盖的。梁先生可谓一生坎坷。青壮之年时局动荡,适逢战乱,与家人聚少离多,半生颠沛流离,为文又遇上“横眉冷对”的鲁迅先生,与其论战被骂成“丧家的资本家的乏走狗”;迁台亦当属迫不得已,留下亲骨肉在大陆竟近40年不能团圆,甚至音信全无,不知死活(梁实秋发妻程季淑直至辞世也不知分别几十年的长女还在人世);居台期间也多以鬻文为生。1974年突然失去程季淑之后,痛不欲生,每日以泪洗面,后虽与韩菁清演绎出黄昏的传奇爱情,也只可算作聊以慰藉,难称古典,更说不上有多少浪漫。何况,程女士和梁先生原本一对恩爱老人,本可相依为命以至寿终正寝，谁曾料想，在西雅图购物，好端端的程女士竟被商场梯子砸倒。这岂不是运命多舛、祸福不卜？梁先生在随后的有关文字中常连用“惨，惨，惨！”或“惨痛，惨痛！”来慨叹世事之不公，表达其心中的哀恸！但更为惨痛的还不止于此。据梁实秋先生和程季淑女士子女们后来的回忆，程女士虽遭商场梯子击打受伤，但也只是骨折，不至伤及性命，送医院手术前虽疼痛难忍，但神智一直清醒。她的真正死因是骨折动手术，麻醉过量，手术后无法苏醒。医院却说是死于心脏病。真是好生委屈和冤枉！另外，据先生儿子梁文骐在《父亲的命案》中所述，梁先生本人的死也是一场医疗事故，一桩冤案，一条冤命！实际上，梁实秋先生赴台之后的岁月，特别是在失去人生伴侣程季淑之后，差不多是在寂寥悲切、愁伤断肠、凄惨哀凉的长吁短叹中挨过的。也许，韩菁清曾经给晚年的梁先生带来些许暖意，但从他的家书中我们却不难揣度，他多半的心境是冷的，凄凉的。梁先生远不如以追求“爱”与“美”为生命的徐志摩热烈和浪漫，也不比冷静温和地谈论“吾国吾民”和“新中有旧，旧中有新”的林语堂中庸和古典，自然也没有“民族魂”和“旗手”鲁迅先生那么轰轰烈烈和斗志昂扬。梁先生的人生轨迹，是不是一个提倡文艺“与抗战无关”(进而也就“与民族存亡无关”“与政治无关”)的知识分子——小资产阶级知识分子——的一种宿命或必然？

一

胡适希望人人写自传，而梁实秋的家书不失为自传。

1958 年 3 月，梁实秋先生 26 岁的小女儿梁文蔷离开台湾到美国读书，行前梁先生夫妇与女儿有一个约定，即每周互相书信一封，以寄情思。在随后至 1987 年 10 月梁先生病重过世的近 30 年当中，除去与女儿相聚一起时不需写信之外，梁先生共给小女儿写过家书 1134 封，其中自 1958 年到 1972 年梁先生夫妇卖掉台湾房产迁至美国与女儿同住，共计 514 封，由梁实秋先生夫妇合写；另外 620 封是自 1974 年程季淑女士去世至梁实秋先生辞世近 14 年时间由梁先生一人写给小女儿和女婿的。梁先生对收信、写信、发信、藏信之爱在《雅舍小品》初集《信》中已表现得淋漓尽致，但从梁文蔷女士在《长相思：槐园北海忆双亲》的追忆和补充中，我们兴许可以领略其书信中表达的另一份情感内涵和意蕴：

> 写信是爸爸生命中很重要的一环。他爱收信、爱写信、爱发信、爱藏信。我很难想象，如果没有邮局，他的生活会变成什么样。一九七二年爸妈迁美与我同住。我们为了筹备迎接他们，决定买房搬家。买新房条件之一是必须近邮局。我常喜调侃爸爸，说他一辈子只会做两件事，一是写稿子，二是上邮局。
>
> 爸妈给我的家书，在一九七五年以前，都用邮简，当然是为了节省邮费。但是一九七五年以后，渐改为航空信封，并且说明以后不再用邮简了。这个转变，我不明确知道为什么，因为我没问过爸爸。但我猜测与他的年纪有关。上了年纪的人常会想到身后之事。

梁实秋先生的《槐园梦忆》是怀念发妻亡灵、寄托哀思之作，为此他曾在书桌上方自悬警句“加紧写作以慰亡妻在天之灵”。梁文蔷谓此状“惨不忍睹”。然最能表达自己哀痛和伤怀的，仍莫过于家书。发表的散文是给人看的，虽可抒情，但毕竟不如家书可以百无禁忌、直言不讳。梁文蔷说：“爸爸……的家书可称细腻……轻轻的几句淡描，勾出了凄怆悲戚的心境，铁心人也会为之动容。”梁文蔷的下面一段描述，兴许更能让我们了解梁实秋先生家信所流露的伤感和他生活中的遗憾：

> 爸爸的信如其散文，文白相掺。常引古人句，或吟诗填词以抒情。但几无例外，所有诗词皆为感伤之作。不知为什么，人在得意快乐时就没心思去咬文嚼字地寄情诗词了。
>
> ……爸爸早年最大的收藏当推爸爸留美时爸妈互写的情书。那是分量很重的一大捆信，密藏在一个细长的小柜中。这个小柜在有雕木罩盖的古式大床的两侧下方，小柜没有锁。尘封的那捆信就藏在小柜深处，外面放满了妈妈的鞋。我小时候喜欢趁妈妈不在家时，偷穿妈妈的高跟鞋，没想到把鞋取出后，发现在黑洞洞的柜底有一大卷纸。我用长棒把它钩了出来，信纸上全是密密麻麻的蝇头小楷。那时，我太小，还不识几个字，更不明白什么叫情书，只知道有些神秘，很害怕。所以，一声不响地又把信放回小柜最深处，佯作不知。一九四八年冬，爸爸仓促离平时，付之一炬。为了此事，妈妈十分

伤心。

爸爸最后想要珍藏的信是他自己写给我的家书。三十年来已积存逾千封。爸爸在世最后几年中,每年都要盘问我是否收妥。我想他如此珍惜他自己的信,恐怕也是一个“情”字吧!

生活中的确存在很多的憾事与不得已,如此重情的梁实秋先生当年把给发妻的情书付之一炬,那时的心境想必有性命难保、生死未卜之感,想必出自无奈。否则,能藏入小柜的一捆信纸谅不会增加太多辎重,亦不致危及性命,当比他物珍贵。这件事情不仅使程季淑倍感遗憾,对后人了解梁实秋先生当时的心路历程或思想也不失为一大损失。

事情恐怕仍坏在他的文艺观点上。他的观点特别是那“文艺与抗战无关”的著名论断,事实证明是不合时宜的,必然会为当年渐占主流地位的左翼阵营所反对,并被贴上“反动”的标签。此后的历史证明,文艺不但不是“与抗战无关”,反而关系相当密切。再后来,文艺不仅为人民大众服务,而且为政治服务,不仅民族的文艺受其影响,个人的运命也不能不说与其息息相关吧!梁先生后来的文字再未谈过“有关”“无关”,但他的小品创作多是谈天喝茶的生活琐事,都是如同《雅舍谈吃》一样的由美食主义感受生发出的一系列美文,表现了“人情”“人生”“人性”,一以贯之,符合他早年鼓吹的“人性论”,但均属无关痛痒的生活美学。用他自己的话说:“我是小资产阶级。”这种“小资产阶级”情调,在文艺以惊天动地和“高大全”为基调的“宏大叙事”之后,在人的思想和情感受到极度压抑和扭曲之后，随着 20 多年前拨乱反正和改革开放的帷幕拉开，会受到大陆读者的广泛欢迎，当属自然。

要真正了解一个人确实不容易。梁文蔷女士总结了了解人的三种较好方法。她说：最好的方法是住在一起，朝夕相处，一言一语一举一动尽在眼中，对其人之学识思想人品道德自可一览无遗；第二种是长期共事，这样也可洞悉一个人的习性和格调，或者有同甘共苦的经验亦可在短期内觉察一个人的内涵；第三种就是读其私信，这也不失为一个了解人性的良方，因为私信不是为发表的，自然直率，容易窥视作者灵魂。梁文蔷对梁实秋先生的了解是以上三者兼具，必然深刻、透彻。不过，即使不读梁文蔷女士的感受，我们按第三种方法来直接阅读梁先生给亲人的家信，恐亦能体会梁实秋先生的心境、生活状况、个中滋味以及他对人生、对文学艺术的看法。

> ……我期望你在我故后写《回忆录》，巨细靡遗，要亲切真实。你这样做，会减少我的哀思。你母逝后，我痛不欲生，急写《槐园梦忆》，顿觉稍减心中痛苦。……

梁先生始终遵循和秉承其文艺表情抒情作用的观点，认为文学写作可以直书胸臆，排遣郁闷，缓解苦痛，并以此教导骨肉之亲。如梁文蔷女士所自述："他以他自己失去妈妈时的经验和减轻悲伤的方法教我也去实行。他想我一定也会得到同样的精神上的解脱。"梁文蔷女士回忆说，查看 30 年来梁实秋先生和程季淑女士给她的家信，几乎没有一封不诉说程女士病痛的。1958年程女士写信说：

> 你别像我似的，一辈子就没有放肆过，小时候不能玩儿，大时不能玩儿。现在老啦！拘谨成了天性，让我狂欢一下，也狂不出来了。好像老太太的脚趾头，弯曲了一辈子，再让它直也直不起来了。……变成了长期的郁闷，非常苦恼。……

同年，梁先生也写信说：

> 妈妈近来身体不好，眼不好、头晕、胳臂疼、腿疼、牙疼、胃疼。总之，是不疼的地方较少。……

梁文蔷女士在《长相思：槐园北海忆双亲》中还专门写了一节《牙的困扰》记述梁实秋先生晚年牙疾之苦。随后她说："爸爸在信中总是把他的痛苦轻描淡写，不失诙谐……但是藏在心底里的却是无限的悲哀。"牙疾对一个美食主义者来说必然是一种精神和肉体的双重伤害，梁先生后来关于牙疾的家信越来越多，成年累月连续提及，恐怕赶得上当年诉说程季淑女士疾病之苦的家信了。

> 我牙疼难忍，找牙医，他还是舍不得拔，他说下面拔光了，固然可补，但不会很理想，能忍耐还是忍耐，给我刮洗了一阵子（好痛），今痛渐止。苦也，苦也。我如今吃烂东西，吃肉末，菜泥。很像是一个标准的老者！可笑。

> 最近一星期大为牙痛所恼，一再去求医，苦痛不堪，

半个脸都肿了。……忍耐而已。

梁实秋先生的小品虽出自“雅”舍，但所谈均为世“俗”。迁台后的文风，更如他的为人，颇具人情、人性味道，堪称美文，但是太过婉约，缺乏激情，不够豪放。家书更如此，真是鸡毛蒜皮、卿卿我我，充满对生活的感伤哀叹，常叹人生苦短，世事悲凉。这既是其文风，也为其人风，更是其心境和生活的写照。家信也是苦多乐少——至少我们看到的家书给人如此印象。发表的文章没有宏大主题，是生活琐事中的人性——日常生活中的爱恨愁苦，家信就更是如此。

二

浪漫主义之谓，乃“试图用美丽的理想去代替那不足的真实”（席勒语），因而浪漫主义侧重心理刻画，揭示主观世界，具有强烈的抒情性、幻想性、主观性。此类所谓浪漫，此类学术诠释无法描绘人生，更不适宜概括人和人沟通的家书。

迄今为止，梁实秋先生的家书尚面世不多，现有的资料只有梁文蔷女士介绍的一些。差不多可代表梁先生全集的、由鹭江出版社2002年出版的15卷本《梁实秋文集》，第9卷收录的书信，并未收入梁先生与梁文蔷女士的家书。梁文蔷女士开始动笔写作《长相思：槐园北海忆双亲》是在梁实秋先生离世后不久，她沉浸于悲痛之中，自然备受煎熬，纪念文章弥漫着悲哀的情调，其中引述和公之于世的家书也多为增加哀思氛围的悲文悲书悲信。通过梁文蔷女士的回忆和30年来的家书，我们不难捕捉梁实秋先生家庭生活情境，以及梁先生的思想、为人和情感世界。有些家书是在给韩菁清写情书的同时写就的，梁先生一边给女儿写家书诉说对亡妻的撕心裂肺的怀念和对女儿子孙的亲情，一边向小他28岁的歌星韩菁清写情书诉说爱情。挣扎在怀念和渴望、痛苦和甜蜜之中，透过某些诉说，我们仍不难觉察他生活的悲喜和冷暖。

按照梁文蔷女士的记述，1974年4月30日梁实秋先生在西雅图失去老伴程季淑，骤然失去依靠，每天24小时，全部沉湎于回忆中，没有现在，没有未来，没有人能代替程女士的位置使他暂时忘却悲哀。在程女士去世后的那半年中，每一分每一秒都是对梁先生灵魂上的无情鞭策。他写、写、写，他唯一能发泄情感的方法就是写，写作是他与世界沟通的唯一渠道。当年10月女儿梁文蔷劝梁先生回台访友散散心，从此梁先生开始奔走于台北与西雅图之间，直到1982年最后一次到西雅图。1983年起，女儿梁文蔷开始每年到台湾探望梁先生，相聚之后再开始漫长的分离，借每周一信来维持彼此精神上的支援。

1976年1月，梁实秋先生与韩菁清正沐浴爱河，但在给女儿的家信中又勾起对先妻的思念：

> 今晚××请吃饺子。这又犯了我的忌讳。因为我曾问过妈，若回台湾小住，你最想吃什么，她说自己包饺子吃。如今每次吃饺子，就心如刀割。

梁实秋先生和韩菁清女士演绎传奇爱情故事，与其不停给女儿写家书寄托对发妻的哀思是同时进行的。他一边写家书追悼亡妻，倾诉亡妻之痛，一边自称“秋秋”给“亲亲”写情书，倾吐渴望之情。据叶永烈所著《梁实秋与韩菁清》的记载，梁先生有时一天是写两封书信：一封家书，一封情书。

> 我吃鱼时总是想起我的母亲，冷饮时总是想起我的父亲，现在则日夜无时不忆念你们的妈妈。×××常常问我：“你为什么忽然发愣？”我则以谎言支吾，因我心里痛苦，不愿累及别人不快。槐园是妈妈遗体所在地，还不是我最系心的对象，最系念的是今已不复能再见的活生生的人。她活在我心里，也活在你们心里。惨痛！惨痛！

这封信中的×××，应是韩菁清。

梁实秋先生与韩菁清女士于1975年5月9日结婚，1976年农历腊八梁先生生日，他在给梁文蔷的信中说：

> 腊八忘了最好，我根本不要再提生日，提起来我伤心。因为现在没有了妈妈，我的心情变了，我已经不是从前的我。希望你们以后也不要再提起。今年腊八切大蛋糕时，我的泪滚滚而下，但是没有被人窥见，我还放声大笑呢。

1976年程季淑冥寿前梁先生书信说：

> 阴历二月十七为妈冥寿……妈妈若活着，今年七十六岁了。明年是我们结婚五十周年，但不得庆祝。恨！

恨！恨！

至4月30日程女士忌日，梁先生又道：

> 我今天并不特别悲伤，因为天天悲伤之故。我自来台北后，寂寞是没有了，心里的苦痛无法排除。没有人能为我解忧，我自己也不能。恨，恨，天公如此残酷。

一年后的6月间，梁先生要到美国看望孩子们，此前又写道：

> 我回到美国，也是心酸，不回去，也是心酸。此生残余之日，注定的永远要心酸。人生凄苦，莫此为甚！

梁文蔷女士在《长相思：槐园北海忆双亲》中还描述了梁先生家信中其他悼念发妻程季淑亡故的内容：

> 你妈妈精神物质均已不存在……思之惨然。我每日静时，至少落泪一次。

> 我时常在家里没人的时候，或散步时，放声大叫妈几声，没人回应，好不惨然！她逝去将近三年，创痛犹深也。

> ……我现在事实上是孑然一身……我没有一天不低声呼唤你妈妈，她已去了三年多……我需要她……

> 我的泪已经哭干了，幽明永隔，此恨绵绵，永无绝期。

……我心痛极了！我把《槐园梦忆》里的事，一幕一幕重温一遍，不禁老泪纵横矣。……我会以冥想，沉思，读书，写作消磨漫长的时间，我会一个人在屋里自言自语，我会在旷野无人的地方高声喊叫我失去了的爱人的名字！我时常觉得我是一个丧家犬，又像是失群的野兽，又像是红尘万丈中的一个落魄的行脚僧。

梁实秋先生在世最后一年的 4 月 30 日，是程季淑女士 13 周年忌日。他在给女儿的信中写道：

近几日屡次梦中来晤，使我彻夜失眠，躺在床上吟成古诗一首，钞附一阅，虽然不工，凝思琢句，有高歌当泣之感。写罢重读，泫然泪下。……

这些家书，不仅写在程季淑女士的忌日或纪念日，而且写在平时。我们似可以这样解释梁实秋与程季淑的爱情以及他晚年与韩菁清的爱情的矛盾：这不是他性格的矛盾，更不是古典与浪漫矛盾的性情使然。他与程季淑的感情随着时代与生活的变迁，更多地已从青年之间的爱情转变为亲情，转变为一种通过子女的血液而相互关联的血亲关系。他们是伴侣，是大半人生的伴侣，更是生命中不可缺少的部分，是自己的生命。而他与韩菁清之间，是承受丧偶之巨大痛苦后随着思绪焦点的转移而焕发的感情，进而产生的激情，这是一种生命接近黄昏接近终点的恋情，不能否认这是一种深深的爱情，是一种从痛不欲生的悲情中回到新生的精神支撑，一种慰藉孤独和打发无聊的精神需要。恰如梁实秋先生在家信中所称，“妈妈一去，使我大彻大悟”，“能吃时赶快吃”，“工作要紧，享受亦要紧”，而且此时连猫都更容易成为宠物，成为“白猫王子”，成为“家庭成员”。因此，这份爱情的产生，恰如刚刚遭受失恋苦痛的少男少女们更易迅速寻找新欢并在一夜之间速配连理一样。无独有偶，2004 年热点新闻之一的杨翁之恋似可谓异曲同工。杨先生本人也曾公开说自己常有占了对方便宜的不安。世上的事，真是难以说清。按理，女性相对于男性应更多浪漫情怀，但尚未见年逾古稀老太嫁给青年小伙子的案例。因此，此类故事，恐非“浪漫”或“古典”两字可以说清。不过，按照梁文蔷女士具列的了解人的三种方法，我们均不是其中任何一种的当事人，所以均属阅读文本后的“读者”猜测、联想、发挥甚至臆断。

女儿梁文蔷在描述父亲梁实秋晚年的心境时这样说：“人常言，只有时间可以治愈失去爱人的痛苦。我以前也相信。但是看了爸爸失去妈妈后十三年所受的折磨，感人肺腑的长相思，几乎每信必提的‘汝母’……我开始怀疑时间的力量。我自失去爸爸——我五十四年的挚友良师之后，更能体会爸爸晚年的心境。”

梁实秋先生晚年的人生冷暖，只有贴心的女儿体会得更加深刻。

三

性格决定命运。

按照梁文茜女士和梁文蔷女士对梁实秋先生的有关回

忆，梁先生集风趣与严肃、开通与顽固、慈祥与冷峻、勇敢与怯懦于一身；曾及时行乐，也曾忧郁半生；有时为人拘谨，有时玩世不恭；很重人情，但也可以绝情……他属爽朗又倔强、有人情又不谙世故的知识分子代表。不过，具体地讲，他身上还是坚毅倔强的成分居多，是“好汉打落牙合血吞”的那种人。这不仅是被两个女儿认同的，也是与他交往和交锋过的文人朋友和“敌人”的共识。

梁文蔷女士回忆随父迁居台湾后的生活时，描述了初在德惠街一号落脚的情形，还记述了家信被当局拆检、资料被便衣搜查和家中被盗等生活场景。梁文骐还记述了梁实秋先生患病而医院却供氧不足导致先生死于医疗事故的过程。不管命运如何，他坚持自己的文艺信念，走完一生的路程。迁台后他辞官不做，专事教书、翻译和写作，恐怕也与其文学艺术主张有关：若一边提倡“为艺术而艺术”，一边又在政界谋仕途，岂不滑稽？！

但是，梁实秋先生的小品文着实充满着所谓小资产阶级情调，家书更是如此，与其说是对人性的描写与挖掘，倒不如说是对人生的慨叹与感触，很多文章“与国计民生无补”（季羡林语）。梁先生是公认的作家和翻译家，但他所得到的待遇，特别是晚年的生活境遇，好像用“资产阶级落寞文人”来描述并不过分。

梁实秋先生在晚年的家信中曾多次谈到死亡，如：

林语堂死了。……我认识的人，一个个倒下去，好像宴席上的客人一个个的起身而去，只剩下自己守着狼藉的杯盘,四顾茫然,纵有山珍海味也难以下咽。

……我生日一过,就是七十七岁了,糊里糊涂弄到了这样的年龄,不堪回首,更不堪前瞻!我近来时常冥想,想人生生死的问题,想来想去觉得自己渺小,任由环境摆布,到了老年才开始认识自己,四顾茫然,悚然以惊。

萧公权死了。×××怕也不能延长太久。老一辈的人一个个的凋谢,令人为之心惊。……每年我看秋天的枫叶,我心里就难过。红叶即是白头,死亡的现象,不过树木还有明年的新生,人则只活一辈子而已。……及时行乐吧!

林语堂先生的风格在大陆读者的心目中要比梁实秋先生更稳重和冷静。他们的人生轨迹和在大陆读者心目中的地位有很多相似,又有巨大不同。20世纪80年代初期,林语堂先生的作品先梁实秋先生一步开始重新出现在大陆读者面前,其受欢迎程度亦略胜梁先生一筹。他的有关"中国厨子,日本太太,法国情妇"的感性表述,曾经牵动许多青少年蠢蠢欲动的心扉。他们都与鲁迅先生打过交道,对当时的大陆读者来说,鲁迅几乎成了把他们联系在一起的中介。鲁迅先生著名的《纪念刘和珍君》和《"丧家的""资本家的乏走狗"》当年可谓家喻户晓,而后文就直涉梁实秋。林语堂先生当年也有《悼刘和珍杨德群女士》和《泛论赤化与丧家之狗》

二文。鲁迅先生曾劝林语堂翻译莎士比亚，而最后完成莎士比亚全集翻译的却是梁实秋。鲁迅先生逝世后，林语堂写了《鲁迅之死》以示哀悼和纪念；梁实秋先生后来向台湾读者介绍鲁迅先生时写过《关于鲁迅》，表明自己对鲁迅的看法。居台期间，梁实秋先生主编了《远东英汉大辞典》，林语堂先生编著了《当代汉英词典》。1936 年前，林语堂先生多次出国读书教书，远走海外，1936 年到达纽约开始其长达 30 年的海外生活，1966 年 6 月定居台湾；梁实秋先生 1923 年赴美留学，1926 年回国，1949 年迁台时，友人借德惠街一号暂住，生活窘迫。梁先生翻译了《莎士比亚全集》，出版了《英国文学史》，因未到过莎士比亚故乡而终身遗憾；林语堂先生以英文写作向外国人介绍中国文化，有《吾国吾民》《京华烟云》，等等。

正是林语堂先生在《鲁迅之死》中说：

> 鲁迅与其称为文人，不如号为战士。战士者何？顶盔披甲，持矛把盾交锋以为乐。不交锋则不乐，不披甲则不乐，即使无锋可交，无矛可持，拾一石子投狗，偶中，亦快然于胸中，此鲁迅之一副活形也。德国诗人海涅语人曰，我死时，棺中放一剑，勿放笔。是足以语鲁迅。

这段话传神地描述了鲁迅先生的性格。由于性格的不同，梁实秋先生所望与自己长眠的伴物必会不同。梁先生家信中有这样的心迹：

> ……我死不能与汝母同穴，将是我一大憾事。人生苦短，如石中火，炯然一现，万事皆空……

梁文蔷根据自己对父亲的了解，在梁实秋先生入葬时，在他的棺柩中放入了这样三件物品：梁先生与程季淑女士的合照，程季淑女士的一缕花白头发，程季淑女士去世后梁先生经常偷偷抚摸的程女士的半高跟鞋。梁文蔷认为以此“作为陪葬品是再恰当不过的了”，“我相信爸爸会高兴我做了这个选择”。

这一定是梁实秋先生的选择。不同的性格演绎了不同的人生，而人生本质上都是悲剧，只是卓有智慧的人能把这悲剧演绎得更动人罢了！

关于自然文学的几个概念

近些年来，国内对自然文学概念越来越熟悉，研究范围也越来越广泛，这源自程虹教授对美国自然文学的介绍、翻译和研究。程虹教授被誉为国内从事美国自然文学研究第一人，翻译出版了“美国自然文学经典译丛”《醒来的森林》《遥远的房屋》《低吟的荒野》《心灵的慰藉》等，《寻归荒野》《宁静无价》《美国自然文学三十讲》等则是其学术专著。

谈到自然文学，人们不免会联想到自然主义文学，这是两个首先应当加以区分的概念。自然文学（nature writing），在中国大陆有时翻译为“自然写作”，在中国台湾有时翻译为“自然书写”。英文著述里，“nature writing”常等同“literature of nature”。程虹教授认为，自然文学是源于17世纪、奠基于19世纪、形成于当代的一种具有美国特色的文学流派。从形式上来看，自然文学属于非虚构的散文文学，主要以散文、日记、自传及书信等形式出现。从内容上来看，它主要思索人类与自然的关系。简言之，自然文学最典型的表达方式是以第一人称为主，以写实的方式来描述作者由文明世界走进自然环境那种身体和精神的体验，其最典型、最有特色的文体，仍是第一人称、非虚构的散文体。不过，程虹教授也认为，自然文学对诗歌的形式也是相容的。

自然主义(Le Naturalisme)文学则是另一个范畴。它是起源于法国19世纪下半叶至20世纪初叶的一种文学流派,受当时的科学主义影响,其明显的创作倾向和方法是不加修饰、提炼和典型化的所谓“纯客观”“纯自然”描写。一些自然主义作家还进一步把人与其他生物等同起来,从而把生物学的决定论加于人类,在人身上只看到感觉和本能,认为生物学规律决定人的心理、性格、情欲和行为,因此自然主义文学有很多对本能和情欲的描写,并在文学史上留下印记。由于自然主义作家既要顾及文学与科学的差别,也要让文学作品具有文学色彩或文学性,因而从文体上讲,自然主义文学多数以小说也就是虚构的形式出现。可以看出,自然主义文学与环境、“大自然”关系不大。

有关自然文学的概念还有一些,对这些概念内涵和外延的界定也是见仁见智,还在讨论与探讨之中,比如,大自然文学、生态文学、生态批评、环境文学、动物小说等等。我对这些概念也有自己的理解和看法,但限于篇幅不在这里加以辨析。

2020年9月21日上午,李克强总理在上海考察,第一站就来到喜马拉雅科技有限公司。作为国内规模最大的互联网音频分享平台,喜马拉雅拥有6亿多用户,为上千万音频内容创作者提供了就业创业机会。在此平台,以阅读文学作品为主题和内容的“上官文露读书会”颇受读者和听众欢迎,《美文》“汉风专刊”上的不少文章都曾在此平台被“悦读”“悦听”。另外,专刊还曾连载美国自然文学代表作家的《北极梦》,此后又开办了刊中栏“汉风人物”,将来会在“汉风人物”

中介绍国内从事自然文学翻译、创作和研究的学者、作家和评论家,也会在开辟自然文学专栏的同时向“上官文露读书会”荐读佳作。

漫谈生态批评

2020年10月，在西安外国语大学中文学院开展学术交流时，我曾向院方建议成立“一带一路”生态批评中心，而中国最早一次生态美学会议也是在西安召开的。

批评理论曾经在20世纪90年代后期的中国学术界非常流行，特别是在比较文学领域，几乎形成了一轮批评理论热潮，很多高校成立了与批评理论相关的机构并延续至今。这与当时作为中国比较文学与外国文学重要研究阵营的清华大学外文系有很大关系，更确切地说，是与当年在清华大学外文系任教的著名学者王宁教授有很大关系。

美国加州大学厄湾校区的批评理论研究有着几乎与该校区同样长久的历史，建校后即成立了批评理论中心，著名学者金惠敏和易晓明夫妇以及国内不少学者早年都曾在该中心学习进修过。20世纪90年代后期至21世纪初期，该中心两位在比较文学界赫赫有名的杰出教授加布理尔·施瓦布和希利斯·米勒均多次受清华大学外文系王宁教授的邀请来中国访问，进行学术交流。

加布理尔·施瓦布曾在《文学评论》2000年第2期上发表《理论的旅行和全球化的力量》一文中这样描述批评理论：“人们需要认识到，在某种程度上，理论总是基于一个具体的社会和历史语境。当初在美国,'批评理论'这一提法,就是对一个首先主要在文学系发起的、很快就跨越了学科和领域界限的、相对新的批评活动的略称。到后来,'批评理论'不仅在美国,而且在国外的文化界也出尽了风头。"

在同篇文章中,加布理尔・施瓦布还谈到了近 20 年来一直非常引人瞩目的概念:生态批评。文章称:"现在有一新发起的批评理论,我们一般称之为'生态批评',它主要研究关系到环境保护问题的全球化的政治设想。生态批评理论包含了一系列的在环境危机和环境灾难研究之外的与生态有关的话题。它包括对生态政治运动的批评分析、全球化和生态破坏对人类以及更广泛意义上的物种的健康的影响、对生态基因多样性和自然资源的保护,以及针对生态问题的国家和超越国家的集团政治的发展。从另一种意义上说,生态批评理论是对哲学意义上的人类和自然的概念的历史批评,包括它们对种族和性别社会建构的巨大影响。因而,生态批评理论也牵涉支持物质性和非物质性的资源可持续发展的可变的类型研究。从这个意义上来说,生态批评理论与包括系统理论和控制论在内的其他理论体系存在交叉,这也是格雷格利・班特逊所谓的'精神生态'理论。"

由施瓦布的描述,我们对生态批评至少可以有一个大致的了解。

自然文学是美的散文

《关于自然文学的几个概念》一文中，有关自然文学的定义，目前学术界已普遍接受或达成共识。诚如程虹教授在其《美国自然文学三十讲》中所述：自 20 世纪下半叶，尤其是 20 世纪 80 年代以来，美国文坛上兴起的一种文学流派“美国自然文学”，就是一种讲述土地故事、为自然代言的文学。然而，这又不是一种单纯的描述自然的写作。可以说，美国自然文学从最初的自然史散文或自然散文到当代的自然文学，有着一种历史的传承，是一种讲述土地的故事并从中探索人类心灵图谱与地理图谱相依相附的文学，是将自然史与人类发展史融合在一起的文学。

《关于自然文学的几个概念》一文对自然文学的体裁也有所介绍，基本也是依据程虹教授的观点：自然文学属于非虚构的散文文学，主要以散文、日记、自传及书信等形式出现，同时对诗歌的形式也是相容的。

审美体验，是阅读文学作品的最主要收获，也是文学归属艺术门类或曰文学作为艺术的主要根据，更是文艺美学之所以能够成立的基础。自然文学之所以是文学，也因为其具有审美特征。《美国自然文学三十讲》中也说：自然文学有一个传统，有一个相对完整的体系，有一批从古至今的代表人物和经典作品，人们在读这类文学作品时，有美感，有心灵的交流，还有思想的沉淀。

在此意义上，我们可以直截了当地说，自然文学是美的散文，是美文。

《漫谈生态批评》一文并未给出“生态批评”一个明确的界定或定义，只是通过 20 年前发表在《文学评论》上的加布理尔·施瓦布的文章，对“生态批评”概念作了些描述。实际上，对于“生态批评”，文学理论界是有不同理解的，目前看来这种理解的不同还会持续下去，因为它来自不同的层面或不同的视角，也与翻译有关。

具体而言，部分学者是从文学作品层面理解“生态批评”的，认为“生态批评”是自然文学的一个发展阶段，是自然文学内容和主题集中关注生态问题的文学表达。比如，蕾切尔·卡逊的《寂静的春天》就是代表，此书一改过去自然文学的写作传统和风格，笔触直指生态问题和环境问题，“批评”了造成生态危机的人为根源等。另一部分学者则是从生态文学、生态批评和生态美学的层面和角度进行理解，将生态概念和生态意识进入和深入文学领域作为尺度，把灌注了深刻生态意识的文学作品视为生态文学，把灌注了深刻生态意识的文学评论视为生态批评，并将其与社会历史批评、形式主义批评、心理分析批评、读者反映批评、女性主义批评等文学批评方式相并列，把灌注了深刻生态意识并具有系统性、整体性的文艺美学理论体系视为生态美学。

中国白酒

中国人常喝的白酒,与外国人常喝的葡萄酒,虽然都能醉人,但不是同一种“东西”。英语中的“wine”,我们翻译成“酒”,“red wine”指“红葡萄酒”,“white wine”指“白葡萄酒”。在日常交往中,我们把中国白酒回译成了“white wine”,但习惯了白葡萄酒的外国人喝了我们的白酒会觉得有很大不同,一时难以适应,还会感觉口感刺激、味道浓烈甚至怪异。据此,对酿酒不明就里的外国人就会认为中国的酿造工艺落后,居然把白葡萄搞得如此不堪忍受……

为了避免文化误读和误会,便于更好沟通交流,讲好中国故事,在现实生活中,中外方都作过一些解释和努力。比如,有人将中国白酒称为“Chinese spirit”,有人称为“Chinese liquor”,甚至“fire water”等,但这些都只是一些不尽如人意的带有描述性质的民间“翻译”,并表现出明显的向英语“妥协”和“靠拢”的翻译导向。

最近,海关总署在充分听取中国酒业协会的意见之后,同意在2021年的《中华人民共和国进出口税则》中进行修改,新的税则从2021年1月1日起正式执行,中文列目名称白酒,对应的英文是Chinese Baijiu。这个很有意思,因为这项“翻译的革命”,没有体现在教科书中,也不是由编译科研部门官方宣布，而是通过进出口税则得以完美演绎。

关于“翻译的革命”，我在五年前“汉风”创刊之初曾专文论述，这一“革命”表明一种翻译导向和翻译策略。对于这样的导向和策略，我们可以结合一些现象语境来理解。例如，21世纪初，外交部宣布，今后外交部例行记者会，发言人只用中文发布信息和答问，不再设英文翻译。这就要求与会外国记者有较强的中文能力和水平，也进一步促使他们学好中文。

当然，这种导向和策略是依托文化和社会发展因时因地、自然而然形成的，契合了当代国际文化交往和人文交流的现实状况，因而也就非常合乎时宜。为了更好地说明这样一种“革命”，这里再举一个例子：中文当中有“瓢泼大雨”这样的表述，形容雨下得非常大，这是植根于中国传统文化语境的一种形象表述；无独有偶，英文当中也有一个表述雨下得非常大的成语，即“It is raining cats and dogs”，直译为“正在下猫和狗”，这也是植根于英国语境的一种修辞用法。在过去，如果遇到中文“瓢泼大雨”，我们一般会对译为“It is raining cats and dogs”，而在遇到英文的这个表述时，也会译为中文的“瓢泼大雨”，这样便于双方的理解。然而，在今天这个语境下，我并不主张再作这样的“对译”，而是按原文直译并加注释。这会给译者和读者带来一定挑战，外国人需要去了解“瓢”的来源和中国文化渊源，中国人则需要去了解为何英国人要用“猫和狗”来形容雨。这样的挑战对更好地了解双方的文化是有益的，也是有利于文化理解和文化交流的。

同理，“中国白酒”翻译成“Chinese Baijiu”后，有兴趣理解“Baijiu”的外国人，就应该去查考、去研究。本文开始使用的“东西”一词的翻译，也是很值得查考和研究的。

文学批评的重要性

日前,中国比较文学学会在广西南宁召开了第十三届年会暨国际研讨会,第十二届中国比较文学学会会长、上海交通大学王宁教授致开幕词并在大会作专场主旨报告。

在以往的评论文章中,我们不止一次提及王宁教授在比较文学与世界文学领域的巨大贡献。在这次大会上,其主旨报告除了媒体所报道的内容外,有多处因更契合《美文》杂志“汉风专刊”主题而引起我更多关注。首先,他认为,当前的“汉语热”有助于汉语成为仅次于英语的世界第二大语言,同时也为汉语文学成为一种世界性的文学奠定了基础。其次,他说,在过去几十年里,随着中国经济的飞速发展,汉语已逐步成为一门影响力仅次于英语的世界性语言。既然国际英语文学早就成了一门学科,那么国际汉语文学也迟早会成为一门学科,因此中国学者更有必要领衔编写一部新的国际汉语文学史。最后,他提出,今天的比较文学是走向世界文学阶段的比较文学,而比较文学的最高阶段也应该是世界文学,对中国学者来说,现在应该是中国文学走向世界并帮助重新绘制世界文学版图的时候了。

令我印象最为深刻的是,在回答大会现场有关文学经典、比较文学与世界文学关系的提问时王宁教授的阐述。他说，世界文学既要研究文学经典的总汇，也要研究作为中介的翻译，而更为重要的是世界文学作品需要经过流通渠道并经过批评性选择才能获得新生。

对于批评性选择，王宁教授进一步阐释道：今天，是不是把中国文学作品翻译成英语就成了世界文学作品了呢？远远不是。很多作家要想成为世界经典作家或成为大家，与批评家和理论家的讨论是分不开的。他举例说，莫言获得诺贝尔文学奖，首先是张艺谋通过电影把《红高粱》展示给世人，葛浩文（Howard Goldblatt）看了这部电影觉得有意思就买了原著并把它翻译成英文出版；葛浩文看到英文版《红高粱》反响不错，就又翻译了莫言的其他作品。在此之前，美国现代语言学会（Modern Language Association）曾邀请莫言去演讲，美国《今日世界文学》（World Literature Today）出版“莫言专刊”专门讨论莫言，后瑞典文学院诺贝尔文学奖评委福塞尔（Lars Forssell）提名，马悦然（Göran Malmqvist）附议推荐，莫言得以当选。

王宁教授说，实际上，福塞尔提名前，马悦然心目中另有人选，考虑到中国作家与诺贝尔文学奖失之交臂已近百年，在当代背景下应该将其授予中国作家，综合多项因素最终授予了莫言。假如在莫言之前，贾平凹、王安忆或残雪的作品得到好的翻译并在评论界展开讨论的话，他们也可能获得那年的诺贝尔文学奖。这同时表明，世界文学的理论研究有义务推动当代文学作品成为新经典。

中国比较文学的跨学科

如何科学地定位比较文学学科的研究对象和研究方法，一直是比较文学界思考和探讨的问题，可以说从早期的比较文学到比较诗学再到比较文化研究，比较文学的边界似乎一直在“跨越”，一直在“移动”中。事实上，从比较文学诞生的19世纪末20世纪初起，比较文学学科的研究对象即在不断扩大，研究方法也随着研究对象的不断扩大而自然扩展。到今天，不仅早已跨越了平行研究和影响研究的阶段，也在一定程度上超越了古典学、比较诗学、形象学、主题学、译介学的研究，在一定时期形成了跨文化研究和跨学科研究的整体趋势。中国学者的积极和广泛参与，不仅推动有关“世界文学”的理解走向了一个新阶段和新高度，而且使得中国文学在“世界文学”中所占“份额”不断增大，提高了中国比较文学学者在国际比较文学界的学术地位，同时使“比较文学与世界文学”这一学科称谓得以完整和“名正言顺”。

在2016年国际比较文学学会第21届年会上，中国学者张隆溪教授当选为主席，决定第22届年会(2019)在中国召开。我本人负责的分论坛的总主题就是“比较文学的边界与跨边界”，当初设计这个分论坛的思路即与“跨界”密切相关：在当代比较文学与世界文学研究领域，有关文学与生态学、文学与社会学以及文学与宗教学等等相互关系的理论探讨，都曾经独立形成过学术界的热门话题，产生了不少学术成果。然而，文学与其他学科的边界是如何形成并得以巩固的？这些边界又是如何被淡化、跨越使交叉学科或跨学科得以重组和成立的？在今天这样一个加速接触和交流的时代，"现实"和"想象"的边界是什么？全球化和反全球化的力量如何影响我们对边界的看法？这些力量又如何影响我们对彼此和世界的看法？文学、电影、戏剧和其他艺术形式如何记录和反映这些过程？我们建议的（但不限于）分议题主要包括学科与边界、身份与边界、性别与边界、婚姻与边界、地方边界与国家边界、自然/生态与边界、语言与边界、文化与边界、现实与边界、想象与边界、文学与其他艺术形式的边界等等。来自中国、意大利、埃及、伊朗和尼泊尔等五个国家的学者参加这个分论坛。

由此也可以看出，比较文学的边界与跨边界问题，的确成为我们学科内值得思考的一个问题。与此相关，比较文学边界的拓展给比较文学发展带来了强劲动力还是带来了"危机"，比较文学边界拓展对比较文学的发展产生了怎样的影响，也是值得比较文学界深入思考的问题。

2003 年，美国哥伦比亚大学教授、著名国际比较文学学者斯皮瓦克著文《一个学科的死亡》（这个学科即是比较文学），她在这篇文章中指出了比较文学存在的危机。同年，她的同事戴姆拉什出版《什么是世界文学？》一书，从某种程度上回应了斯皮瓦克的担忧，也激发了学界同行对比较文学发展命运和学科界定的新思考。有关此，我曾在《比较文学与世界文学》杂志创刊号上发表过一篇文章《中华民族大文学史观与世界文学》予以讨论。

在我本人看来,比较文学边界的拓展给比较文学的发展还是带来了动力的,这与20世纪90年代末期关于文学理论的边界问题的探讨有点类似。当时的文学理论,受到肇始于20世纪五六十年代英国“伯明翰学派”和德国“法兰克福学派”的影响,将文学理论的研究对象从对“纯”文学文本的研究拓展到对电影、电视、图像、流行歌曲等诸多大众文化现象的研究,在中国文艺理论界形成了“文化研究”的热潮,在比较文学与世界文学学科则发展到“跨文化研究”。此时,“文化研究”就已经具有了明显的跨学科特征。在此之后,随着生态理论的发展,生态批评、生态美学在中国文学理论界迅速崛起;与此同时,外国文学研究的宗教学维度和进路也在文学批评界进一步打开。几年前,一批学术文章将“经文辨读”的研究方法引介到比较文学领域,第20届国际比协(巴黎,2013年)年会专设“比较文学与‘经文辨读’”圆桌会议探讨此问题……总之,比较文学学科以其特有的学科容纳度和吸收力,以其跨学科研究的独特优势,将这些研究内容和方法均纳入自己的视野,既极大地拓展了比较文学的研究内容和研究空间,也丰富了比较文学的研究方法,可谓海纳百川。这些都给比较文学带来了无限生机;也可以说,正是比较文学学科边界的拓展,让比较文学学科生机勃勃。

当然,正是比较文学在中国的跨学科发展,使学界产生比较文学将会取代文学理论或外国文学以及对相关文学学科未来发展的普遍忧虑。所以,这也涉及如何看待比较文学学科发展的走向问题。前面所讲比较文学学科的生机勃勃，可以有不少的例证。比如，外国语言文学一级学科下的二级学科，以往均以国别或语种来分类，现在不少高校亦在外国语言文学一级学科下自设“比较文学”二级学科。再如，报考“比较文学与世界文学”专业的博士考生近些年越来越多，且多数学术背景都来自外语专业，有些甚至来自跨学科相关专业，这也说明比较文学学科的优势和吸引力。自 2015 年开始，外国语言文学一级学科也进行了调整，5 个二级学科中就明确设置了“比较文学与跨文化”。不过，我个人的理解是，中文一级学科下的“比较文学与世界文学”更倾向于比较文学的理论建构，而外文一级学科下的“比较文学与跨文化”则更倾向于文学比较与跨文化阐释。

这个问题也与我国比较文学与世界文学的设置有关。比较文学学科在西方始于 20 世纪初期，其中古典学是主要研究内容之一，也形成了一套传统的研究思路和方法。中国的比较文学与世界文学是在 20 世纪 80 年代我国进行学科调整时，在中国语言文学专业“外国文学”课程基础上调整设立的。所以，许多从事这个专业教学与研究的教师和学者都是从文艺学、中国现当代文学、外国语言文学甚至中国古代文学“转行”而来，学科本身因此也具有了“跨界”和“移动”的特征。不过，尽管中国比较文学学科还很年轻，学科历史非常短，但其发展势头非常强劲，不久的将来必然会打破“西方话语中心”的学术阵营情势，在国际比较文学的学术领域占有重要位置。

鉴于此，我个人对此问题的直接回答是：不会被比较文学取代。因为,学科与学科设置管理部门对学科状况的整体考量有关。可以举个例子,中国语言文学中的语言学,21 世纪初就有语言学界的学者呼吁将其独立出来,设立语言学一级学科,但至今也未实现。中国比较文学与世界文学设置在中文一级学科之下,也是符合当时世界普遍状况的,比如美国最初也是在英文系,法国在法语系,只不过后来它们专门有了比较文学系,或独立于英语系、法语系之外的语言、文学与文化系。比较文学研究尽管跨界,但与文学理论和外国文学相比,还是有较为明显的研究领域和研究方法。

至于比较文学学科的发展走向,我个人认为仍然会不断吸收新论题,借鉴新方法,形成新跨界,这是比较文学本身的特质所决定的;关于“世界文学”的定位和定义,则仍会在一个时期内持续成为热门研究趋势。特别是在 2020 年全国研究生教育工作会议之后,确定自 2021 年 1 月始“交叉学科”成为我国第 14 个学科门类,更会为中国比较文学的跨学科性质增加元素和色彩,继而为在比较文学领域形成“中国学派”提供建构性特色与可能。

讲好故事：

典型表达　形象描绘

文学与疾病

本来并不打算写这样一个选题，但是，在新冠肺炎疫情这个特殊时期，无论如何也难以把抗疫从思绪和生活中挥去，因为来自四面八方的疫情信息，飞扬着，充斥着，写作，必然会把其“呼吸”进去……

然而，真正要写点什么，又显得那么艰难，那么受煎熬，那么令人窒息。

“文学与疾病”，最直接的理解应该就是文学作品对疾病的独特描写，这种描写可以是发生在个体身上的疾病，比如《茶花女》《红楼梦》等世界名著都对患病角色有细致描写和刻画；也可以是对人类历史上发生的瘟疫等流行病的描写和刻画，或以瘟疫为背景而创作的文学作品，比如加缪的《鼠疫》、沈从文的《天花》以及毕淑敏的《花冠病毒》等。2019 年 8 月，在我国澳门特区召开的第 22 届国际比较文学年会上，来自华中科技大学的刘久明教授就发表了有关这一主题的报告。他说，文学自诞生以来，便与疾病结下了不解之缘。文学即人学，古今中外，以写人为己任的文学，回避不了对疾病的书写。可以说，关于疾病的叙事，构成了文学领域里一个古老而悠久的传统。从创作主体看，文学史上的作家都不同程度地患有各种疾病。文学与疾病这种如影随形的关系，为文学研究留下了广阔的探索空间，不仅为文学批评与阐释提供了一种新途径，而且为文学重归观照现实的正途、摆脱自娱自乐的边缘化窘境提供了一种新的可能性，甚至为研究文学如何医治疾病，尤其是医治人们精神上的创伤提供了可能。

当然，也可以对“文学与疾病”作另外一种理解，即“文学病了”，也就是我们前面文章中探讨的文学本身患了疾病，病入膏肓甚至已经致死；或者，“文学没病”，并且越来越健康。这个层面的“文学与疾病”研究和探讨相当复杂，而且始终处于争论之中。它涉及文学根源、文学本质、文学作用，涉及现实主义、浪漫主义、现代主义，涉及“纯文学”“文学为何”“文学何为”等一系列文学理论与美学问题。然而，即便如此，在面对突如其来的重大疾病、重大危机时，文学本身最基本的良知和灵魂也应该并且必将被唤醒，以其与生俱来的免疫力与疾病、危机进行斗争，进行抗争。事实上，许多作家在这次疫情中就是这么做的，他们是为文学带来免疫力的良性细胞，也是文学生命的守护神。

文学的尊严

前面讨论的“文学是否已死”的问题、“文学是否病了”的问题,在某种意义上其实都涉及文学的尊严。

如何理解文学的尊严,显然首先与如何理解“文学”有关。在 2019 年第 12 期的《美文》杂志上,我曾撰文简略考证过“文学”一词的来源,这里不再赘述。过去我们学习文学理论,往往是要与艺术并提的,所以有“文艺理论”之说,学科上也有“文艺学”之说。实际上,这里的“文艺理论”和“文艺学”涉及的其他艺术门类并不多,也不可能囊括所有艺术门类,并为其他各艺术门类的艺术家和艺术理论工作者所接受和认同,因为每个艺术门类有其自身的独特性。比如,音乐艺术有“音乐理论”,绘画艺术有“绘画理论”,舞蹈艺术有“舞蹈理论”,雕塑艺术有“雕塑理论”,等等。

既然如此,为什么叫“文艺理论”和“文艺学”呢? 我个人的理解是,“文艺理论”指的是“文学作为一门艺术的理论”,而“文艺学”则是指“文学作为艺术的研究”或“文学作为艺术的学术和学问”,即把文学视为语言艺术或文字艺术。当然,后来就有学者直接用“文学理论”取代“文艺理论”,而“文学学”不符合中文表达习惯因而很少有人使用。

那么,文学作为一个艺术门类,它与其他艺术门类,如音乐、绘画、舞蹈、雕塑等的共同性在哪里呢？也就是，文学何以能被称为“艺术”呢？我个人认为，其根本共性就是都涉及审美，即审美特性是所有这些艺术门类的共性。因此，胡经之教授提出“文艺美学”的概念。文艺美学与哲学美学的主要区分，也在于文艺美学不以探讨美的本质为旨归，而着眼于审美和美感的研究。当然，由于胡经之教授主要从事的是文学美学研究，所以对他提出的“文艺美学”概念，我仍理解为“文学作为艺术的美学研究”。

其实，文学也好，哲学也好，美学也好，统统都是西方的话语系统。这里，我想再次引用司马光所言“言之美者为文，文之美者为诗”，以中国的话语系统说明“文学美学”：中国的诗，即文学，我在《何以美文？》中曾说明；中国的诗学，即指中国的古典文论，其实就是“文学美学”或“文艺美学”。

文学的尊严，就在于保持文学的审美和美感特征。我之所以想到这个话题，是与纪念今年 1 月 12 日英国保守主义思想家罗杰·斯克鲁顿的去世有关的。这里，不妨把《纪念罗杰》（发表题目为《他同样是知识分子》）一文中的有关部分再摘录于此。

> 在当今，成为一个激进的自由主义左翼分子，常常会受到大量社会群体或公众的欢迎，这一点东方和西方几乎毫无二致，而全面坚持自己的保守主义右翼观念，却常常难上加难，甚至陷入困境，而罗杰·斯克鲁顿就是后者。罗杰·斯克鲁顿政治上的保守主义观念在英国和欧洲受关注较多，受批评和攻击也较多，而实际上

他之所以能坚守阵地并从容不迫地进行反击,则来自其哲学、美学上的深厚功力。罗杰·斯克鲁顿虽没有专门的类似《文艺美学》的著作,但从其《建筑美学》和一些关于文学的论述中,可以看出他对古典主义和文学艺术尊严的极力维护。比如,他在评价曾被很多人追崇的萨特时说:“我非常钦佩他的才华,羡慕他有一种既严谨论证又充满想象的文笔,将哲学、小说、随笔融合起来的能力。但我感到纳闷,他惊人的文学才能对像我这样的人是否也能掌握,我的信念与萨特正好相反,我相信生活不是关于自己而是关于他人的。”而在批评萨特的激进自由和波伏娃的激进女权主义时,他还说:“从根本上看,他们的哲学是一种拒绝……拒绝受到社会秩序赖以存在的牺牲的束缚。他们生活在自尊的世界里,却没有做任何事来赢得这种自尊,于是假定了所谓‘真实性’理由……这样他们就能轻快地在花丛中飞翔,享受那怡人的自由,这是他们蔑视的人所无缘享受的自由,虽然正是这些人才让他们的自由成为现实。”

孔子学院何去何从?

孔子学院的走向和可持续发展问题,向来是热点问题,新冠肺炎疫情之下更是如此。

最近又读到有关孔子学院的诸多评论,印象最为深刻的有两条:一条来自汉语教学界,一条来自文学研究界,是就如下消息而发表的评论:据英国《泰晤士报》4 月 21 日的报道,瑞典已于日前关闭了最后一所孔子学院,成为第一个彻底关闭孔子学院的欧洲国家。

该篇评论的题目是《瑞典关闭最后一家孔院! 国人的不解才是孔院最大危机》。评论说,因为文化活动大于汉语教学,孔子学院才产生了现在的公关灾难,所以孔子学院必须反思自己的公关策略乃至行动策略,且要让国人认识到孔院的核心工作就是对外汉语教学。

我们文学界的前辈、曾任复旦大学中文系主任的陈思和教授,在《对中国文学外译的几点看法》中,顺便批评了孔子学院。这是他在一次文学翻译学术会议上的发言,发言一开始,他就提到 20 年前第一次去瑞典斯德哥尔摩大学交流的经历。他说:“当年他们举办了一个会……主题叫‘沟通’。参加会议的中国作家有余华、史铁生、朱文、杨炼、多多、林白等,参加的人很少,一半是中国的作家,另一半是汉学家和翻译家,评论家也有,就我和陈晓明,还有朱伟,其他人都是作家。”发言中两处谈到孔子学院,我认为属于前一则评论中所说的“国人的不解”。一处说,中国的问题是,人口实在太多,上上下下都喜欢用搞运动的方式去做事情,这是我们中国当代文化发展中的一个极大的破坏性障碍。什么事情不是依靠真才实学的专家们安安静静地去做,都是搞运动式的,当作国策遍地开花,像孔子学院就是遍地开花。另一处说,国家给孔子学院投了很多钱,可能教会几个外国人包饺子,或者教会几个汉字,但具体到文学作品的翻译,如果不是很认真去做的话,很可能就是一堆垃圾,翻译出来的东西,自己人看不懂,外国人也不看,经常是这样。

简单说,两条评论均说明,无论是对外汉语教学界还是文学翻译、文学研究界,都对孔子学院“不买账”。但是,在我看来,美国和欧洲某些孔子学院关闭的背后原因很复杂,以政治和意识形态的差异为主。另外,有开有关很正常。尽管如此,我们也不应放弃孔子学院承载的人文交流和文化传播功能,特别不能放弃通过文学进行文化交流和传播的功能。

我们不妨来看下先于孔子学院的歌德学院、塞万提斯学院和普希金学院,它们都是以本国作家名字命名的。前面多篇文章中,我曾不厌其烦地从学理依据、用实例说明文学在文化传播中的功能优势,用作家名字命名学院本身就很能说明问题。一方面,我们完全可以将孔子视作一位文学家,另一方面,即使不作这样的理解,我们也不应避讳孔子学院的文化功能。如果认真去了解一下同样大大早于孔子学院的英国文化委员会(British Council)和法语联盟(Alliance française)的历史和作用,就不难理解我们才刚刚 15 周年的孔子学院的处境。

2020年,到底多少人学英语?

上一篇谈孔子学院的文章最后,提到歌德学院、塞万提斯学院和普希金学院,还提到英国文化委员会和法语联盟。很快,就有同事和读者问询这些机构的历史。本来,这篇文章的标题拟为《再说孔子学院》,考虑到此前写过一篇标题为《为什么那么多人学英语?》的文章,所以改为现标题,以呼应之。

五年前,应《中国高等教育》"高端访谈"栏目之约,曾对当时的国务院参事、国家汉办主任、孔子学院总部总干事许琳进行专访。当时,她提供的一组不为常人所知的数据,令我印象非常深刻:歌德学院成立64年,英国文化委员会成立80年,法语联盟成立142年,从创立到现在,所在国政府都在持续拨款。其中,英国政府在过去30年中对英国文化委员会最大年投入额超过30亿英镑;2009年德国政府为歌德学院拨款2亿欧元;2010年法国政府决定,除加强对135个国家近千个法语联盟教学中心的财政支持外,另外计划未来五年内投资1亿欧元,在94个国家开设143所"法兰西学院"。

这已是五年前的数据了,目前的数据我虽不掌握,但自然会有人统计,一定是在增加。另外,2008年前后,对外汉语或曰汉语国际教育实现"六大转变"之初,中国人民大学的一份统计报告,将全球各大语种按使用人数和使用方式(口语交流、电子邮件、社交媒体、文本书写等)进行详细分类统计。我本人对那份报告的最直接印象是:汉语有14亿中国人在使用,而英语却有14亿非英国人在使用。此后,英国文化委员会公开宣布,到2020年要使全球学英语的人数达到30亿人。那时,法国本土外使用和学习法语的人口为2.2亿,使用和学习西班牙语的人口为4.2亿,而全球本土外学汉语的人数还不到1亿,这与我国的话语权和大国地位极不匹配。

疫情之下,讨论这一问题,不免又让我想起许琳参事接受采访时曾推荐的一篇文章《孔子学院——认识中国的最佳渠道》。这篇文章的作者是英国东亚理事会秘书长、英国48家集团俱乐部副主席麦启安。文中称:在过去的30年间,中国以前所未有的速度崛起,引发了世界各地日渐增长的不安,他们这种恐慌源于对中国的不了解。世界的发展历史告诉我们,不同民族间的互不了解与无知很容易产生对彼此的恐惧,而这种恐惧又会迅速引发冲突,这已成为一个顽固的、强大的历史模式。中国与其他国家发生的任何冲突对中国纳税人的工作和收入来说,都将是一场灾难,损失惨重。世界与中国的繁荣都要依赖稳定的、和平的发展环境,任何冲突与摩擦都会给经济发展带来巨大的伤害。

且不说2020年英国是否实现了让30亿人学习英语的目标,看看这次疫情期间,为了救治中国之外的患者而召开的国际云端会议、举办的跨国远程会诊,就不难看出汉语在世界各类交往中所占份额的弱小与不足。

重温麦启安五年前的文章,再看当今世界出现的灾难性摩擦,难道不应该引起以美国为首的摩擦制造者的深刻反思?

从“汉语国际教育”到“国际中文教育”

“汉语国际教育”（Teaching Chinese to Speakers of Other Languages，TCSOL）作为一个专有术语出现，是在21世纪第一个10年的中期，其前身是“对外汉语”。对外汉语成为专业名称前经历了很多争议，反对者曾有一个颇为好笑的质疑：“对外汉语，难道还有对内汉语不成？”更有毒舌者讥讽道：“对外汉语教学用的是小学的教材、中学的教师、大学的教室。”对外汉语人亦不与争，而是勤勤恳恳，默默建设、耕耘，加上国家的助力和推动，特别是设立由各部委领导组成的“国家汉语国际推广领导小组”、办公室设在教育部之后，对外汉语教育事业得以大踏步前进。由此，“国家汉办”与“国务院侨办”齐头并进，为向世界推广和分享汉语和中国文化而不懈努力。

对外汉语转称汉语国际教育，也经历了不少争议。有人说“汉语国际教育”和“国际汉语教育”差别不大，哪个都行；有人说“国际汉语教育”更贴切，因为是走出国门到“国际上”进行汉语教育；也有人说“汉语国际教育”既包括“请进来”，又包括“走出去”，同时与“国家汉办”全称中的“汉语国际推广”用词顺序一致……显然，这些争议仍停留在用词顺序上，我在以前的《汉语国际教育之殇》中已有所涉及。在此层面上,尽管仍不时有一些“正名”之语,但无论如何,它已沿用至今。

实际上,在“汉语国际教育”的“词序”争议之外,一直存在着一种更为深刻和复杂的“词义”之争,即“汉语”是狭义的还是广义的?是一般应用意义上的“语言”,还是语言学意义上的“语言”?真正的语言学家在此争论中表现出的睿智和理性令人钦佩。比如,有学者认为,仅从汉字的发展演变史来看,也不能将作为整体的中国语言文学割裂开来;也有学者认为,教的是“语”,而学的应是“文”……管理机构的领导也是有学识的,这一点从“汉语国际教育”专业学位教指委委员的构成就可以看出。

2020 年 6、7 月间,27 所高校和企业共同发起成立中国国际中文教育基金会;同时,教育部发文明确表示,为适应国际中文教育事业发展,设立中外语言交流合作中心。7 月 5 日,教育部中外语言交流合作中心正式发布设立公告,公告以公文形式确立“国际中文教育”称谓。

从对外汉语到汉语国际教育,再到国际中文教育,其意涵不证自明。从实践来讲,目标明确清晰,即通过语言教学与合作,实现文学、文化传播与交流;从学科建设来讲,不仅与中国语言文学取得了一致,而且规避了跟着“英语作为第二语言”(Teaching English as a Second Language, TESL)亦步亦趋的“嫌疑”。

孔子学院：这张名片不会丢

一系列与国际中文教育和孔子学院有关的评论文章，特别是《孔子学院何去何从?》发表以后，不少读者、国际中文教师和本行业相关人士对孔子学院的未来表示担忧，加上近来常有“关闭”孔子学院的消息传来，不少人认为孔子学院将不复存在了。

这是一个很大的误解。

孔子学院，从最初建立就有很多人不理解甚至受到误解，这类不理解和误解分各种层面。比如，不少人将孔子学院与孔子书院等同，将孔子课堂与孔子学堂等同，还有人认为孔子学院就是原来的私塾或国学馆，不一而足。其实，孔子学院与这些机构的最大区别，一句话就可以说清：中国大陆没有孔子学院，境外才有孔子学院。的确，现在500多家孔子学院和1000多家孔子课堂均设在境外。

《孔子学院章程》第一章第一条明确表示：“孔子学院致力于适应世界各国(地区)人民对汉语学习的需要，增进世界各国(地区)人民对中国语言文化的了解，加强中国与世界各国教育文化交流合作，发展中国与外国的友好关系，促进世界多元文化发展，构建和谐世界。”第一章第五条说明了是在海外建立：“孔子学院本着相互尊重、友好协商、平等互利的原则,在海外开展汉语教学和中外教育、文化等方面的交流与合作。”第一章第九条也表明中国境外机构才可申请:“中国境外具有从事语言教学和教育文化交流活动能力且符合本章程规定申办者条件的法人机构,可以向孔子学院总部申办孔子学院。”

如今,孔子学院面对的压力不仅来自境外,还来自国内。国内普通民众不了解,当然与宣传不够有关。相关部门在做好对外宣传的同时,的确也应该更加注重对内宣传,让国内民众普遍了解,这样才有可能被普遍理解,也才有可能减少内外双重压力。

还有很多认为孔子学院将不复存在的人士,是因为看到孔子学院总部/国家汉办更名为“中外语言交流合作中心”的消息。实际上“更名”一说,只是针对内部机构程序,真正应该去看的是教育部中外语言交流合作中心设立的公告。公告明确表示:孔子学院品牌将由“中国国际中文教育基金会”全面负责运行。该基金会是由多家高校、企业等发起成立的民间公益组织,将会同孔子学院中外方合作伙伴,继续支持全球孔子学院发展。有关孔子学院相关事宜可通过电子邮件 info@ichinese.cn 与其联系。

自 2004 年创办第一家孔子学院至今,已有 16 年的时间,孔子学院已建设和发展成为全球知名的中文教育机构,早已成为中外人文交流的一张具有特色的靓丽名片。

这张名片不会丢。

“汉教生”的出路

《孔子学院：这张名片不会丢》一文写作之时，阿根廷第三所孔子学院揭牌成立，发表之后，很多学习汉语国际教育的本科生和硕士生（“汉教生”）在不同程度上又开始燃起对自己所学专业的希望，充满信心。实际上，归根结底，大家最为关注的仍旧是就业去向问题。

这再正常不过了，特别是就业“市场化”以来，就更正常了。大学生、研究生入学选专业，考虑最多的就是将来的就业方向和出路，直白地说，就是看能不能找到工作，能找到什么样的工作。高校设置专业也会较多地考虑就业需求，难就业的专业设置了就没有生源，没有生源就开不下去。

拿汉语国际教育专业的设置来说，当年就是因为适逢汉语国际推广工作的大好时机，国际上对汉语教师的需求量大大增加，而“出国潮”也刚好袭来，很多“汉教生”在研究生甚至本科阶段就可以作为汉语教师志愿者出国任教，根据国别享受数额不等的住宿、保险、旅费和薪金待遇，后来这些待遇还有几次不同程度的提高。这种状况，使得汉语国际教育专业吸引了大量学生就读。如今，尽管国际上对汉语教师的需求与实有汉语教师数之间仍存在很大缺口，且需求量仍在不断增加，但当前形势与设置本专业之初的形势已不可同日而语,何况遇到新冠肺炎疫情带来的各方面巨大变化。所以,两年前就有学校汉教专业的本科生在大二阶段集体选择进入文学院,有学校停招汉教本科生,有学校将汉教学院与文学院、人文学院甚至外语学院整体合并,有学校干脆将汉教学院解散,也有教师提出汉教本科专业应该撤销,不一而足。

事实上,就业形势真的如此严峻吗?“汉教生”真的应该灰心丧气吗?大可不必。如果国家出台过的政策都能落实到位,就更不必担心。最近,教育部印发通知:汉语国际教育专业硕士学位的获得者,与公费师范生一起,可免试认定中小学教师资格,这对“汉教生”来说无疑又是一大利好消息。此前,这样的好政策也不少,只是并未在很多高校和地方部门落实,寒了“汉教生”的心。比如,大约 10 年前原国家汉办就发文,要求各高校为被孔子学院录用的“汉教生”志愿者保留两年应届生资格;再比如,差不多也是 10 年前,原国家汉办为应届“汉教生”设立专任教师项目,通过考核进入专任教师库的“汉教生”与原毕业高校(或录用高校)和原国家汉办三方签约,承诺“随时随地”赴任孔子学院或孔子课堂,赴任前在原毕业高校(或录用高校)工作,享受每年 6 万元薪酬待遇,赴任后享受公派汉语教师待遇;等等。这些好的政策在具体执行过程中,有的被“委婉拒绝”,有的“走了样”,甚至根本不为“汉教生”所知。因此,有关“汉教生”的政策和其他政策,关键仍在落实,只有落实好,才能做好汉教工作,更好推动国际中文教育事业发展。

中国传统文化

近些年我们提出的中国文化“走出去”、中国文化世界传播的战略，有两个核心问题大家一直非常关注，讨论得也非常热烈。一是传播方式、传播载体问题；二是传播内容，即文化的内涵或让什么“走出去”的问题。对这两个问题，此前发表的评论均有所涉及，但着笔更多的是第一个问题。所有的评论大致围绕一个中心主题，即中国文化“走出去”、中国文化世界传播的最佳方式、最好载体是文学。

关于第二个问题，传播的内容，也曾有所涉及。比如，是剪纸、窗花，中医、中药，还是美食、美酒，唐诗、宋词，抑或中华武术、汉字书法？但是，正如贾平凹老师所说：“那些拳脚、灯笼、舞狮、吃饺子、演皮影等等，只是一些中国文化的元素，是浅薄的、零碎的、表面的东西。元素不是元典，中国文化一定要寻到中国文化的精髓上、根本上。”

毫无疑问，应该向国外传播中华优秀传统文化，但这会涉及“什么样的文化算优秀传统文化”“谁来判定”“国外的接受度认可度如何”等一系列问题。国外受众也会产生一大堆疑问：我们生活在外国，为何要接受中国的文化？我们生活在当代，为何要接受中国古代的传统？所以，顾彬（Wolfgang Kubin）所言“中国文化‘走出去’为什么会失败”虽不中听，但说出了外国人的心声和一些事实。良药苦口,信言不美,这也许是很多场合顾彬教授不被中国全然接受的原因,而在顾彬本人看来,他是在尽一个知识分子的责任。

顾彬教授的惊人之语和逆耳忠言还有很多,有关汉语教师带中国战争片到外国课堂放映引发争议之事,可为一例。我们年轻的汉语教师,把在国内进行爱国主义教育的电影《闪闪的红星》《小兵张嘎》等带至国外课堂放映,当时正值世界反恐声音高涨,那些对中国历史毫无了解的外国人指责我们从小就培养杀人放火的"恐怖分子"! 类似的文化冲突、文化碰撞现象举不胜举,顾彬讲这样的事例也是善意提醒,在选择"走出去"的影视作品时,一定要注意文化差异,以免事与愿违。

贾平凹老师对中国文化有着独到解读。他说:"比如,中国文化中太阳历和阴阳五行的建立,是中华民族对宇宙自然的看法、对生命的看法。这些看法如何形成了中华民族的思维方式和它的哲学观点? 比如,中国的儒、释、道,道是讲天人合一,释是讲心的转化,儒是讲自身的修养和处世的中庸。这三教是如何影响着中国的社会构成和运行的? 比如,除了儒、释、道外,中国民间又同时认为万物有灵,对天敬畏。中国文化中这些元典的东西、核心的东西,才形成了中国人的思维和性格。它重整体、重混沌、重象形、重道德、重关系、重秩序。深入了解这些,中国的社会才能看得懂,社会上发生的许多事情才能搞明白。""中国人的这种思维性格、宗教和哲学,进而影响和左右着中国人的审美,形成了它不同于西方的特点。"

所以,我们自己应当先搞懂弄通中国传统文化,搞懂弄通中国传统文化的精髓和特征,然后才可能更好更有效地向外国人讲述。

文明是世界的

本文从20年前的一件事情说起吧,但由于篇幅所限只能简略介绍。

2002年,我在英国伯明翰大学读书,遇到一位来自加拿大的50岁左右的原住民(the first nation,最初被称为印第安人),她与我们6位华人留学生住同一宿舍区。我们初次见她都以为她是一位华人,她说见到我们也感到一种异常的亲切感。后来,她看到我们用筷子,就告诉我们她的祖辈也用筷子,而且祖辈亲口告诉她,祖辈的祖辈说过他们来自现在被称作亚洲大陆的东北部地区……

此前,我不止一次引用英国剑桥大学前高级研究员、著名中国问题专家马丁·雅克对中国的评价。最近,马丁·雅克在《中国日报》上再次阐明观点说:中国走出了一条独特的发展道路,在短时间内取得了巨大成就,但中国从不把自身的发展模式强加于人,这与一些西方国家固执地认为全世界都应遵循西方发展模式和西方"民主"制度的观念迥然不同。那么,为什么中国和西方差别这么大?因为今日之中国植根于中华文明的悠久历史,它首先是一个文明国家,其次才是一个民族国家。它植根于儒家价值观,国家政府和社会之间的关系与西方截然不同。

非常赞同马丁·雅克的看法。现代中国确实呈现出某些民族国家的形态，但是单纯运用民族国家的概念，是难以解释现代中国的历史来源、族裔复杂性和版图等因素的。显然，现代中国的确具有某些民族国家的特性，但它的独特文明根底、悠久历史和文明延续性，让其超越了民族国家而成为一个文明国家。这里，我们无法就这一话题展开讨论，只是想思考在“国家”这个概念产生之前人类的状态。

一些重大的考古发现，往往引发很多联想和争议。人们往往热衷于争论这些出土文物是属于中国人的还是外国人的，甚或是属于外星人的；如果是属于中国人的，还要细分是属于哪一时期、哪一部分中国人的，这部分人又来自哪里，等等。当然，这些论争和论证是非常具有考古学、文化学、人类学和政治学等意义和价值的。但若换一个角度看，在没有“国家”概念之前，它应该是属于全人类的，不管是什么样的人类，因为人类有共同的祖先。而且，它既然发掘出土自当代中国，谁也不能说它发掘出土自别国，这就如同即使证明北美原住民来自中国，也不能说北美就是中国的领土一样。

由此，我们可以说文明是世界的，这也许才是文明互鉴、文化共享的要义。

德不孤　必有邻

“德不孤,必有邻”,出自《论语·里仁》,表明有道德的人不会孤单,会有志同道合的人来和他相伴,与其为邻。一个人如此,一个国家亦是如此。

《论语》当中,虽然字面上有“德”字的句子不多,但“仁义礼智信忠孝悌节恕勇让”无不关乎“德”,亦无不关乎“道”。孔子平生一向推崇周公,极力赞赏其时的礼乐,期望天天梦见周公,所以后世称儒学的集大成者孔子为“圣人”,称儒学的奠基者周公为“元圣”。随后的儒学承载着中华民族的文化血脉,广泛而深刻地影响到东亚各国,对18世纪欧洲启蒙运动也有过思想贡献。儒学提倡的仁者爱人、以德立人、天下为公、大同世界的思想,以及求同存异、和而不同、和谐相处的思想,不仅历经几千年而不衰,而且已走向世界,成为人类文明的重要组成部分,在未来也必将会发挥更大的作用。今天,西方对中国发展的正向预期虽然在增加,但是对中国国际影响力增强的担忧仍然大量存在,这凸显出美国等西方国家对中国快速发展的警惕和不适心理加重,对中西方实力天平继续向中方一侧倾斜的焦虑情绪加剧,所以它们希望孤立中国。

习近平总书记在庆祝中国共产党成立100周年大会上

的讲话中说，新的征程上，我们必须“坚持把马克思主义基本原理同中国具体实际相结合、同中华优秀传统文化相结合”。随后，中国共产党与世界政党领导人峰会以视频连线方式举行，来自160多个国家的500多个政党和政治组织的领导人、逾万名政党和各界代表参加。100多个国家的政党在本国共设置了近200个集体会场；在峰会上致辞的外方政党领导人中，至少有19位正在或曾经担任国家元首、政府首脑职位，这是中国共产党迄今主办的规格最高、规模最大的全球性政党峰会。习近平主席同来自全球的政党领导人共聚“云端”，探讨“为人民谋幸福与政党的责任”这个重大命题。他指出，要本着对人类前途命运高度负责的态度，做全人类共同价值的倡导者，把全人类共同价值具体地、现实地体现到实现本国人民利益的实践中去。

这正是“德不孤，必有邻”的最好写照。相信中国文化的世界传播，只要秉承中国传统文化中的优秀道德品质，秉持人类命运共同体的道德原则，就会为世界所欣赏，就一定不会被孤立，一定不会孤独，一定会有朋友的相约相伴和陪同。

海内存知己　天涯若比邻

在国际中文教育界,甚至是全球文化交往界,现国务院参事、原国家汉办主任、原孔子学院总部总干事许琳的名字不应也不会被忘记,今天国家汉办和孔子学院总部更名,会使人更多地想起这个名字。多年前,该领域青年学者、现为加拿大阿尔伯塔省汉语总督学的北京大学博士刘现强说,中国正是有了许琳,孔子学院和孔子课堂才在全世界遍地开花,中国文化“走出去”的步伐才得以落到实处、铿锵有力,中国民间外交才有了真正“抓手”,换一个人,未必能够做到这些。曾在德国任第一批孔子学院院长、中国人民大学博士、华东师范大学丁安琪教授说,正是许琳的大手笔和大动作,才让中国教育、文化和中国人在世界上产生了“大动静”,才引起了世界对中国文化的瞩目、喜好和热爱,才让更多人来到中国、了解中国和理解中国。事实上,2020 年年末公布的国家社科基金获得立项的重大招标项目中,也不乏专门的孔子学院研究课题。

新冠肺炎疫情对世界各个方面都带来了深重影响,甚至改变了国际文化交往的格局,但孔子学院的功劳不容抹杀,更不能把这种影响和改变归罪于孔子学院。孔子学院从诞生到今天已经走过 16 年的历程,截至目前,全球已有 162 个国家(地区)设立了541所孔子学院和1170个孔子课堂。其中,亚洲39国(地区),孔子学院135所,孔子课堂115个;非洲46国,孔子学院61所,孔子课堂48个;欧洲43国(地区),孔子学院187所,孔子课堂346个;美洲27国,孔子学院138所,孔子课堂560个;大洋洲7国,孔子学院20所,孔子课堂101个。累计注册学员上千万,开展各类文化活动数十万场,受众过亿。在孔子学院的帮助下,欧盟及许多国家已将汉语教学纳入国民教育体系,全球汉语学习者近3亿人。目前,尽管有些对孔子学院怀有误解甚至敌意的人不断制造事端,仍有几十个国家的几百所机构强烈要求申办孔子学院。即使在疫情期间,孔子学院仍然在南美国家挂牌了。

许琳在任时,国家汉办累计选派5万多名教师和志愿者赴130多个国家教授汉语,为80多个国家培训汉语教师11万人次。出版了45个语种对照的核心教材,向136个国家配送和销售1200多万册。设立"孔子学院奖学金",招收110多个国家2万多人次来华攻读学位,培养本土师资。同时,邀请主管汉语教学的6.5万名各国教育官员及大中小学师生访华,亲身体验当代中国和中华文化……到目前,这些数字都有了数倍甚至十几倍的增长。其背后既有成就和经验,又有困难、艰辛和挑战。今天,随着国家经济政策从投资驱动转向创新驱动,文化教育政策也由规模效应转向了质量提升,而孔子学院与时俱进的新目标、新要求,也是与此前的积累和打下的基础分不开的。

“心灵高铁”:中国与世界互联互通

如今,21 世纪的第二个 10 年已经结束,第三个 10 年已经开始。回顾 20 年前,人类刚刚跨入 21 世纪,同住“地球村”的世界各国迫切需要沟通合作,以应对共同挑战,语言和文化的桥梁作用空前凸显。同时,中国的发展越来越吸引全球的目光,“中国热”和“汉语热”持续升温。正是在这样的背景下,孔子学院应运而生。2004 年,第一个孔子学院合作协议在乌兹别克斯坦塔什干国立东方学院签署,第一块孔子学院铭牌在韩国首尔韩中文化协力研究院挂出,第一所孔子学院在美国马里兰大学正式投入运行。从此,孔子学院拉开了蓬勃发展的大幕,书写了语言传播、文明互鉴的新篇章。

回顾过去,许琳曾说,孔子学院一份耕耘,一份收获。2014 年,孔子学院创立 10 周年之际,中国在全球五大洲同步举办了首个“孔子学院日”,从太阳最早升起的新西兰,到太阳最后落下的夏威夷,庆祝活动持续 36 个小时,横跨 22 个时区,超过 1000 万人参与。为此,习近平主席、李克强总理专门发来贺信。习近平主席在贺信中高度评价了孔子学院前 10 年取得的成就。他说:“你们在来信中谈到,孔子学院是中国为世界和平与国际合作而不懈努力的象征,是连接中国人民和世界人民的纽带。我对此深表赞赏。10 年来,孔子学院积极开展汉语教学和文化交流活动,为推动世界各国文明交流互鉴、增进中国人民与各国人民相互了解和友谊发挥了重要作用……这是一项十分有意义的工作……中国政府和人民将一如既往支持孔子学院发展。”李克强总理也对孔子学院第一个10年取得的成就予以充分肯定。他说:“孔子学院创办10年来,以教授中国语言、介绍中国文化为己任,结合各国情况和需求,为促进中外人文交流与合作、加强中国同各国人民之间的理解和友谊发挥了重要作用。”习近平主席、李克强总理贺信中对孔子学院在促进中外文化的教育交流、增进中外人民友谊方面所发挥独特作用的评价,是对孔子学院第一个10年所取得成就的最高概括和总结,令从事孔子学院工作的广大教师和职员深受鼓舞,倍感振奋。

其实,早在2011年,习近平同志就指出:“国家汉办以孔子学院为龙头,积极对外推广汉语和传播中华文化,十年来工作很有成效,做出了重要贡献。孔子学院今后在实现‘文化走出去’战略中,还将继续起到独特重要作用。”回想当年,党和国家领导人利用出访机会,出席孔子学院活动200多次,与师生亲切互动,树立了良好的公众形象。时任俄罗斯总统普京、英国首相卡梅伦、联合国秘书长潘基文、欧盟主席范龙佩等300多位各国政要及国际组织领导人出席孔子学院活动。英国文化协会首席执行官马丁、德国歌德学院主席雷曼等说,孔子学院仅用短短几年的时间,就走完了英、法、德、西等国语言推广机构几十年甚至上百年的路,如同中国经济发展一样,堪称世界奇迹。美国布鲁金斯学会主席约翰·桑顿说,孔子学院坚持这样办下去,30年不动摇,世界将会大变样。

《论语》有言:“己欲立而立人,己欲达而达人。”中国传统文化从来不是封闭的,而是推崇由己及人,提倡共同繁荣与发展。这是富有中国特色的宽广的人道精神,也是在风云跌宕的全球化时代,中国能够贡献给世界的传统价值观。孔子学院正是立足于这样的人文关怀,积极寻求外部对话,探索合作共赢的新途径,并取得了令人瞩目的成绩。孔子学院以孔子为名,兼顾语言与文化,传播中华传统文明与和谐价值观,是迄今为止中国出口的最好最妙的文化产品,是体现中国"软实力"的最佳品牌、最靓丽名片。

实践充分证明,孔子学院的建设和发展,有助于提高我国文化开放水平,扩大中华文化在国际上的感召力和影响力;有助于展现社会主义中国繁荣、民主、文明、和谐的良好形象,加强我国国际传播能力和对外话语体系建设;有助于广交朋友,深交朋友,培养知华友华亲华力量,巩固中外合作的民意基础和社会基础;有助于保持旺盛的中华文化生命力,促进自身文化建设的创新和发展。

许琳认为,孔子学院花钱不多,发展很快,影响很大,效果很好。为满足各国人民学习汉语的需求,为多元文化的交流交融、各国人民的心灵沟通铺路搭桥,孔子学院前10年的花费相当于在欧洲建10公里的高铁,这个钱建成了连通世界各国人民的"心灵高铁",修建了一个不倒的"文化长城"。

"和而不同":助力合作共赢

显然,孔子学院16年来取得了巨大的成功,如果用许琳的话来说,就是孔子学院发展之快、效果之好、影响之广,远远超出我们预期。16年的创业实践,积累了宝贵的经验,实现了汉语走向世界的跨越式发展和历史性突破，取得了举世瞩目的成就，受到了各国人民特别是青少年的热烈欢迎，为人类多元文化交流互鉴增添了一道亮丽风景，为增进中国与世界各国人民的友谊作出了重要贡献。之所以能够取得这样可喜的成绩，在许琳看来，以下几个方面的经验值得认真总结和借鉴：

一是党中央、国务院高度重视，各部门各地方积极参与。10 多年来，党和国家领导人百余次作出重要批示指示，给予孔子学院有力指导和鼓励。党的十八大以来，党中央、国务院更加重视孔子学院的工作。习近平主席先后 10 余次见证孔子学院协议签署或出席有关活动，2013 年 5 月亲笔致信祝贺美国加州大学戴维斯分校孔子学院成立，2014 年 3 月访问德国期间，专门与孔子学院师生代表和汉学家座谈，指出要“进一步发挥孔子学院的作用，加大语言交流合作和中西方比较研究”。李克强总理等也利用出访和会见各国政要机会，多次见证孔子学院协议签署和出席有关活动，极大提升了孔子学院的影响力，鼓舞了各国孔子学院和孔子课堂的士气。当时，建立孔子学院总部理事会，时任副总理刘延东担任理事会主席，教育部、外交部、发改委、财政部、商务部、文化部、新闻出版广电总局、国侨办、国务院新闻办、中国国际广播电台、中央电视台、外文局等部门负责同志担任常务理事，聘任中外大学校长担任理事。国务院办公厅转发《关于加强汉语国际推广的若干意见》，批准《孔子学院章程》，印发《孔子学院发展规划》，召开全国孔子学院工作会议，就孔子学院建设与发展进行战略部署，加大财政投入。各地各高校积极参与孔子学院和孔子课堂建设,不断扩大培养选派师资和志愿者规模,编写适用于当地教学的新教材,提高和改进教学方法。

二是服务大局,抢抓机遇。世界格局包括政治、经济和文化诸多领域,各领域互为依存、互为影响。变化是绝对的,不变是相对的。当前及今后相当长一段时期内,国家间硬实力的博弈胜算基于掌握制定规则的优先权,而软实力竞争则取决于一个国家和民族自身的自信、自觉和坚韧。在中国经济总量直线攀升的今天,我们虽千万次地问"这是否是中国文化'走出去'的最佳时机",但并未停留在"追问"而裹足不前。回首孔子学院历程,我们欣喜地看到孔子学院是应运而生,是时代所急需、所必需的,孔子学院的历程是抓住了中国文化"走出去"的最佳历史机遇期。习近平总书记指出:"我们比历史上任何时期都更接近中华民族伟大复兴的目标,比历史上任何时期都更有信心、都有能力实现这个目标。"他还指出,"中华文化积淀着中华民族最深沉的精神追求,是中华民族生生不息、发展壮大的丰厚滋养","一个国家综合实力最核心的还是文化软实力,这事关精气神的凝聚。我们要坚定理论自信、道路自信、制度自信,最根本的还要加一个文化自信"。面对快速增长的国际汉语学习需求,孔子学院不失时机,加快发展步伐。只要外方自愿申请,办学资格具备,外交外宣需要,就及时予以审批。事实证明,孔子学院就是提升中华文化自信、增强我国文化软实力和国际影响力、维护我国国家安全的重要平台和成功典范。

三是模式创新,注重实效。孔子学院没有照搬其他国际语言推广机构独立办学的模式，抛弃狭隘的所谓“教育主权”思维定式，采用中外合资合作的教育发展模式，致力于共建、共有、共管、共享、共赢的合作格局，既有与学校的合作，又有与政府、企业、社团的合作。这种模式符合国际合作发展的趋势，符合“相互尊重、友好协商、平等互利”的原则，也符合中华文明历来推崇的“以和为贵”“协和万邦”“和而不同”的合作共赢理念。

孔子说：君子“和而不同”，小人“同而不和”。“和”就是事物之间和谐有益的共处，在复杂的关系网络中协调诸多不同因素，从而达到新的和谐统一，即所谓“万物并育而不相害，道并行而不悖”的理想境界。孔子学院的建设正是以此为宗旨，致力于在传播中实现合作，在发展中不断推进共赢。根据《孔子学院章程》，每所孔子学院都有一所中方合作院校，中外双方共同组成理事会，双方校长担任理事长，研究决定年度工作计划和预算等重要事项，中外双方投入比例为1∶1，既统一名称、统一章程，也充分尊重各国首创精神和办学特色，在平时运行中以外方为主，因地制宜、灵活多样地开展汉语教学和文化交流活动。正是采用了这种内生式发展的合作模式，各国都把孔子学院当成自己的事情来办，纳入了当地学校和社区的教育发展规划，体现了你中有我、我中有你，开放透明、互利共赢。事实证明，沿着这条和而不同的合作共赢之路，中国文化是可以迅速“走出去”的，而且走得踏实，走得坚定。

“不忘初心”:筚路蓝缕,风雨兼程

2018年,第二十四届世界哲学大会(WPC)在中国北京召开。杜维明说,儒家的人文精神从自我、社群、自然和天道等四个方面展开,强调个人和社会健康互动、人类和自然持久和谐,乃至人心和天道相辅相成,对于全球化伦理建设具备重要的参考价值。孔子学院所做的,正是以语言教学为起点,以汉语作为中华文化的载体,在普及中国语言和文化基础知识的同时传播中华文化与理念。语言既是人们的思维与认知工具,也是一种思维与认知秩序,语言不同导致了人们对世界认知的不同。中国人几千年的文化积累、话语实践毫无疑问会影响中国人的思维方式和最终的理念。例如,汉语中的很多表述,“家和万事兴”“以理服人”等都体现了长期以来中国人的思维和行为方式。孔子学院一直寻求稳健发展,中华文化正“润物细无声”地影响着众多海外学习者。

孔子学院的宗旨是增进世界各国人民对中国语言和文化的了解,发展中国与外国的友好关系,促进世界多元文化的发展,为构建和谐世界贡献力量。十余年,许琳几乎在各种场合主动向公众介绍孔子学院,介绍国家开办孔子学院的初衷和使命,“汉语如何才能真正走向世界”“汉语如何实现‘突围’”之类的问题更是久久萦绕心间。许琳说,孔子学院的创办始终围绕三个初衷展开:

一是满足国际市场需求,彰显中国大国责任。进入新世纪以来,随着我国经济实力显著增强、政治影响不断扩大、国际地位日益提高，世界各国普遍看好中国发展前景，更加重视与中国开展全方位交流合作，汉语在国际政治、经济、文化交流过程中的作用空前凸显，世界各国对学习汉语和了解中华文化的需求越来越大，形成了前所未有的“中国热”“汉语热”。建立孔子学院，满足这一旺盛需求，是中国大国责任的重要体现。

二是提振国民文化自信，促进中华文化自觉。日本学者松田武的《战后美国在日本的软实力》一书表明，一旦一个国家丧失文化自信和自觉，就会成为其他国家和文化的附庸。近百年来，国民普遍缺乏文化自信和自觉。在这种情况下，只有一方面加快建设中华优秀文化传承和传播体系，另一方面建立孔子学院，推动中华文化与各国文化平等交流、彼此对话，才能提振国民文化自信和自觉。目前，几乎所有外国媒体和中国学者都认为，孔子学院是中国人找回文化自信和推动文化复兴最重要的载体和表现。

三是抵御外来文化入侵，维护国家文化安全。当今世界，综合国力竞争日益激烈，越来越多的国家把提高文化软实力作为重要发展战略。同时，世界范围内思想文化的交流、交融、交锋更加频繁，国家思想文化领域内斗争依然深刻复杂，文化在国际竞争中的地位和作用日益重要和突出。法国社会学家弗雷德里克·马特尔的著作《主流》一书指出，目前文化全球化的实质就是各国文化的西方化和美国化，没有任何一个国家，哪怕是13亿人口的中国，能够与之抗衡。在这种情况下，中华文化不能坐以待毙，必须创办孔子学院，有计划、成建制、大规模地走向世界，才能以攻为守、转守为攻，不断增强自身国际影响力,逐步扭转国际软实力竞争“西强我弱”的格局,切实维护好国家文化安全。

“行百里者半九十。”孔子学院尽管走过了16年历程,取得了骄人的成就,但置身于历史的长河中,仍是个幼童。许琳说,我们虽每天都在大踏步前行,感受着进步的喜悦和快乐,但一点也不敢骄傲,因为我们每天都面临挑战,每天都面临困难,每天都面临中外文化、理念和话语方式的矛盾,每天都用如履薄冰的态度警示自己。孔子学院是“墙里开花墙外香”,国外欢迎声一片,国内批评声不断。那些年,许琳之所以不停地“抛头露面”接受各类媒体采访,就是为了扩大孔子学院的宣传和影响,获得国内广大民众的理解与支持。

最初几年,许琳接受媒体采访时讲得较多的一是“三教”问题,二是遭受国内民众质疑的问题。最近几年,这两个问题虽然依旧存在,但已有很大改观。所谓“三教”问题,开始是教师数量、教材数量和教学方法不能满足海外“汉语热”的需求,紧接着就是教师素质、教材质量和教学方法不能很好适应海外汉语教学的问题。许琳说,汉语教学一定要走出本体,走出传统的教学思维,要大众化,要应用型,要多媒体带路。经过不懈努力,这个问题已有很大改观。关于遭受国内民众质疑的问题,主要是公众对孔子学院的不理解和唱“反调”,开始是有人提出“教育主权”的问题,后来又有人提出“中国为什么给外国人出钱来学中文”的疑问,甚至批评孔子学院是在搞“洋扶贫”。许琳喜欢援引英国东亚理事会秘书长、英国48家集团俱乐部副主席麦启安先生写过的一篇文章《孔子学院——认识中国的最佳渠道》,借助一个外国人的视角帮助中国纳税人来理解这一问题。麦启安说:“在过去的30年间,中国以前所未有的速度崛起,引发了世界各地日渐增长的不安,他们这种恐慌源于他们对中国的不了解。世界的发展历史告诉我们,不同民族间的互不了解与无知很容易产生彼此的恐惧,而这种恐惧又会迅速引发冲突。这已成为一个顽固的、强大的历史模式。中国与其他国家发生的任何冲突对中国纳税人的工作和收入来说,都将是一场灾难,损失惨重。世界与中国的繁荣都依赖于稳定的、平和的发展环境,任何冲突与摩擦都会给经济发展带来巨大的伤害。”他还说:“严酷的事实是,中国崛起得越快,让世界认识中国的紧迫性就显得越加迫切;中国的地位在国际社会上升得越快,就越需要加强世界对中国的认识,从而化解世界对中国的恐惧。也就是说,中国为了自身利益,也要让世界了解中华文化并对学习汉语发挥引领作用。”正是许琳的“苦口婆心”“奔走呼吁”,以及像麦启安先生这样社会各界、中外有识之士的阐释、说明,孔子学院才获得越来越多的理解与支持。

“天涯比邻”:化解挑战和危机,迎接美好未来

孔子学院取得了巨大的成绩,也经历了成长的烦恼与艰辛,作为一种新生事物,在发展和前进过程中必然还会遇到诸多挑战与危机。国际上,有的国家和民众对我国国际中文教育存有戒心、疑虑和偏见,对孔子学院保持警惕防范。台湾地区当局紧锣密鼓开办“台湾书院”,法轮功、“藏独”“疆独”以及国际敌对势力的干扰破坏时有发生。国内仍然存在

对发展孔子学院,推动中华文化“走出去”的重要性、必要性认识不高、重视不够的情况:

一是外派教师吸引力不强,专职教师队伍规模小。与外交官、医疗队和驻外记者等行业相比,汉语教师和志愿者待遇低,影响了派出质量和积极性。经反复争取才建立起的中方专职教师队伍,根本无法与西方国家语言文化推广机构数千人的规模相比。

二是对中华文化认识不足,缺乏文化“走出去”的自信。近代中国传统文化受到西方文化冲击和重创,加之“文化大革命”对优秀传统文化的摧残和破坏,造成对自身文化或妄自菲薄,或夜郎自大,不知道哪些是优秀的,应该继承,应该让外国人了解,哪些是糟粕,需要摒弃,还有哪些需要借鉴“他山之石”自省创新。

三是如何跨越中外文化差异和话语体系不同的问题。习近平主席说:“历史的经验告诉我们,一个民族的文明只有与其他文明相互取长补短,融合交流,这样的文明才能充满活力。”他还说:“通过相互交流与学习,文明会变得更加丰富,更加多姿多彩。这样的相互交流与学习将会促进人类进步、世界和平与发展。”国际中文教育的基础比较薄弱,能力比较有限。表面上看,似乎是不适应外国人需要的所谓“三教”问题,但从深层次看,则是一个克服中外文化差异和转换话语体系的问题。这不是某个单位的任务,而应是全社会共同的责任。中文是一座文化沟通之桥,不仅需要中华文化走向世界,也需要中华文化敞开胸怀接纳外国文化。

再过4年,孔子学院将迎来20周年庆典。伴随着经济全球化、政治多极化、文化多样化的深入发展，文化愈来愈成为一个民族最深厚的软实力和最独特的精神标示，进而成为世界各国国家治理和国际竞争的优先方向。因此，推动中华文化走向世界，实现中华文化伟大复兴，是摆在我们这一代人面前的历史课题，更是孔子学院义不容辞的光荣使命。许琳说，孔子学院尽管面临挑战和危机，但我们仍对其未来满怀信心。“海内存知己，天涯若比邻”，这两句流传了1300多年的中国古代诗词，至今仍脍炙人口，表达的是中国人广结朋友的宽阔胸襟和追求天下太平的美好愿望。如今，孔子学院让我们实实在在地体验到这种幸福感。孔子学院就像一个大家庭，把世界各地不同肤色、不同语言、不同文化背景的人民的心紧紧地联系在了一起。试问，世界上还有比这更美好的事情吗？

附　录

◎序《〈三国演义〉的神话学阐释》

◎序《帕特里克·D.墨菲生态批评理论研究》

◎序《阐释的演化：伊藤漱平〈红楼梦〉日译研究》

序《〈三国演义〉的神话学阐释》

有关中国古典文学四大名著之一《三国演义》研究的论著，可谓汗牛充栋，而从神话学视角对其进行阐释的著作却极为鲜见，因此，“《三国演义》的神话学阐释”作为一个学术话题，必有新意。李铁博士的这部书稿，正是以这样一个新颖的学术话题为研究领域，系统总结其多年读书和科研思考的心得体会，并以此话题作为书名，非常值得从事文艺理论与批评研究的学仁品读。

之所以能够如此断言，还基于这样一个文学共识，即神话是人类文学艺术的原初形态，人类早期形成的经典均具有神话痕迹，或充满着神话元素，甚至有的就是神话集。《圣经》《古兰经》和《山海经》均是如此，古印度的《罗摩衍那》、古希腊的《荷马史诗》、古罗马的《埃涅阿斯纪》、古波斯的《列王纪》、我国藏族的《格萨尔王》以及我国最早的诗歌总集《诗经》也概莫能外。在《〈政治经济学批判〉导言》中，马克思对神话和人类童年的艺术有着非常精彩的论述，以至于学习过马列文论的人都耳熟能详：

> 希腊神话不只是希腊艺术的武库，而且是它的土壤。成为希腊人的幻想的基础……希腊艺术的前提是希腊神话，也就是已经通过人民的幻想用一种不自觉的

> 艺术方式加工过的自然和社会形式本身。这是希腊艺术的素材……一个成人不能再变成儿童,否则就变得稚气了。但是,儿童的天真不使他感到愉快吗?他自己不该努力在一个更高的阶梯上把儿童的真实再现出来吗?在每一个时代,它固有的性格不是以其纯真性又活跃在儿童的天性中吗?为什么历史上的人类童年时代,在它发展得最完美的地方,不该作为永不复返的阶段而显示出永久的魅力呢?

马克思的这段话,恰好说明了神话是人类文学的雏形,是文学的“童年”,随后的文学发展无论在形式还是内容上,都不免会再现“童年的记忆”。李铁博士的这部新著,正是通过神话学的基本原理,阐述了《三国演义》中存在的“天人感应”“巫与术”和“预言性童谣”的神话思维,运用神话-原型论批评方法,结合其他批评视角,详尽分析了《三国演义》的“英雄历程”“神话母题”,完整再现了《三国演义》式叙事所呈现的神话结构。

文学理论与批评在不同的历史阶段呈现出的是不同的方式,并在当时的社会文化语境下形成热点。比如,历史-社会批评、形式主义批评、新历史主义批评、心理分析批评、女性主义批评、神话-原型批评、生态批评,等等。神话-原型批评虽为文学理论与批评诸多方式中的一种,但由于其产生时所处的现代优势,必然呈现出非单一的综合性批评特征。正因为如此,运用神话-原型批评理论和方法,透过一个颇为新颖的视角来阐释《三国演义》就应该是顺理成章、令人信服的。李铁博士在书中说，从表层意义上来看，神话中形成的种种神话观念深深植根于社会之中，大量地出现在历史演义文学作品中，所以，神话在失去了它所诞生的土壤之后，并没有真正的消失。从深层意义上来看，由于神话原型是对原始初民时期就有的人类情感、价值标准、民族心理以及生活经验的高度浓缩与总结，因此，通过对神话原型的继承，历史演义文学也把民族文化中最重要的部分一代代传承下来。其实在我看来，人类文学、文化和文明，作为人类生活的精神部分，就如同一个人物质或肉体的部分，其诞生时期的物质DNA（脱氧核糖核酸）会得以延续，其童年时期的文化 Gene（基因）也将得以传承。神话，就是人类文学、文化和文明的这种 DNA 和基因。

李铁博士于 2009 年考入北京语言大学，攻读比较文学与世界文学专业硕士学位，我是他的指导教师。2012 年获中国留学基金委资助赴韩国启明大学师从韩国汉学家尹彰浚教授攻读中国学专业博士学位，2015 年获得博士学位并受聘于山东潍坊学院。多年的学术交往与联系，我印象最为深刻的是其心甘情愿为学术付出的治学精神，及其不断积极进取、对知识孜孜以求的人生态度。在北京语言大学期间，对留学生进行非义务汉语辅导的机会很多，兼职为留学生上课挣钱的岗位也不少，他却不为所动，安心寒窗苦读三年，除了参加各类学术讲座、学术会议之外，他每天的生活轨迹基本上就是延续大学校园里传统读书人的“三点一线”。硕士研究生毕业时，李铁完全可以有一份收入不错的工作，他却选择到韩国高校继续深造。在韩国期间，为了顺利阅读韩文学术资料，他通过辛勤、艰苦的努力学习，很快从零起点达到了韩国教育部要求的目标水平，顺利地完成了学业。

李铁的这本学术著作就要出版了，这既让我喜出望外，而又在情理之中。喜出望外之处，正在于其独特的学术视角和新颖的理论见解，而之所以说在情理之中，则因为功夫不负有心人，一份耕耘，必有一份收获。如果说李铁博士在北京语言大学、韩国启明大学求学的这些年，还是位如饥似渴汲取知识营养的青涩学子，今天，他已经成为一位可以教书育人反哺社会的青年学者，这自然是他的老师们再高兴不过的事情。因此，当李铁博士邀我为其专著作序的时候，我本着可以先睹为快和可以从这里学习很多新东西的态度，欣然应允。与此同时，也衷心祝愿李铁博士的学术之路越来越顺利，收获更为丰富、更为坚实的学术成果！

（李铁著《〈三国演义〉的神话学阐释》，中国社会科学出版社，2016 年 4 月出版）

序《帕特里克·D.墨菲生态批评理论研究》

对美国著名生态批评家帕特里克·墨菲(Patrick D. Murphy)的学术思想进行系统研究，是许多攻读人文学科博士学位的研究生跃跃欲试却最终望而却步的选题。跃跃欲试，是因为墨菲教授的生态批评奠基人地位及其国际学术影响力；望而却步，则是因为其学术思想博大精深、纵横交错，除非具备各方面优势和条件，否则难以完成。李玉婷博士写作博士学位论文《帕特里克·D.墨菲生态批评理论研究》，自开始选题到搜集资料再到着手创作和最终完成，同样经历了许许多多反反复复，甚至试图放弃的过程，其中的艰辛自不难想象。如今，由其博士论文修改而成的同名专著呈现在读者面前，我相信对于李玉婷博士自身来讲应该是欣喜和欣慰的，毕竟，一项将为其学术人生确立方向的工程已雏形初现。作为其博士学位指导教师，我也为其感到由衷高兴，并借此作序之机深表祝贺。

帕特里克·墨菲教授，1951年出生于伊利诺伊州的一个小镇，早年就读于洛杉矶加州大学，获历史学学士学位；后于加州州立大学北岭分校获英文硕士学位，于加州大学戴维斯分校获英文博士学位。帕特里克·墨菲关于加里·斯奈德

(Gary Snyder)和温德尔·拜里(Wendell Berry)自然诗歌研究的硕士论文完成后不久即获发表,博士论文则聚焦巴赫金(Bakhtin)理论在美国长诗中的应用,其中包括20世纪最有争议的美国诗人之一罗宾逊·杰弗斯(Robinson Jeffers)。1987年至2002年,帕特里克·墨菲在宾夕法尼亚印第安纳大学开设和教授博士课程,随后进入位于奥兰多的中佛罗里达大学英文系荣任教授,并于2002年至2004年和2010年至2015年两度出任系主任。2015年,墨菲教授从奥兰多移居德克萨斯州海滨城市戈沃斯顿,一边从事慕课教学,一边"面向大海"过上了"春暖花开"的生态荣休生活。墨菲教授出版了7部有关生态批评和生态女性主义的著作,受到世界生态批评界的广泛关注。这些年来,中国学术界特别是生态理论和生态批评界,对帕特里克·墨菲教授的名字越来越熟悉,2016年国内首家综合性生态人文社会科学研究期刊《鄱阳湖学刊》还专门为其刊发了"生态学术名家专辑",让更多读者从不同角度了解其生态批评思想。

在我国,人们的生态意识和观念虽起步较晚,但学术界对世界生态学术领域的贡献却很大,这特别表现在生态美学方面。20世纪末21世纪初,有学者提出"生态美学"概念是当代中国美学界对世界美学领域的最突出贡献。今天看来,这种说法并非言过其实,关键还是要看如何理解"生态美学"。10年前,我在《生态美学及其在当代中国的建构》一书中就对"生态文学""生态批评"和"生态美学"概念作过区分,后来又在报刊上发表文章作进一步阐释,将"生态写作""自然书写"归入"生态文学"类别,将关涉"生态"现象的文化批评、政治批评和社会批评归入“生态批评”类别。这两个类别的创作,在中国确实落后于西方发达国家很多年。但是,“生态美学”则不同,在中国的语境中提出“生态美学”,既有哲学层面上高屋建瓴的视野,也有实践层面上“生态文明”建设的指导作用。如果将“生态美学”的观念和理论应用到纯粹的文学批评或文学评论当中,它则是我们传统意义上的文艺理论或文艺学。在这样的意义上,其他国家,哪怕是西方发达国家也的确没有全面系统的建构。

李玉婷博士在书中描述道:“墨菲的研究兴趣广泛,覆盖自然文学、美国当代多元文化文学、现代美国诗歌、生态女性主义批评、科幻小说、身体化主体身份、巴赫金对话理论等多个领域。上世纪 80 年代末起,以墨菲为代表的生态批评家开始从‘环境’和‘性别’的双重视角展开文学批评,将文学批评放在生态危机和性别歧视的语境之下,研究文学、自然、女性、文化之间的关系。墨菲是较早将生态女性主义政治和哲学引入文学研究的文学批评家,他主张借各家之所长,不断地完善和扩展生态女性主义的文学批评研究。墨菲将巴赫金‘对话诗学’与生态女性主义理论相结合,使生态女性主义的研究呈现出开放性和对话性,开拓了生态女性主义批评的新路径。在此实践基础上,墨菲提出用‘另一个’的价值观取代‘他者’眼光来看待自然,这是生态批评理论研究中不可不提之点。”由此可见,尽管帕特里克·墨菲教授的学术成果涉猎广泛,但这些成果显然属于我所分类的“生态批评”领域。

我本人与帕特里克·墨菲教授相识并成为学界同事和学术朋友,也源于生态批评。我在完成《生态美学及其在当代中国的建构》之后，把学术方向放在了比较文学的跨学科研究上，即侧重于研究文学与社会学关系的“文化美学”，研究文学与生态学关系的“生态美学”和研究文学与宗教学关系的“神学美学”。当然，“文化美学”“生态美学”和“神学美学”之间并不是孤立的，而是相互交叉的，这又形成另一层面上的跨学科研究，比如，“生态神学”或者“神学生态学”就是一种交叉研究的表现形式。我的博士研究生招生方向“东西方文化理论与宗教学”也基本涵盖了文化、生态和神学的内容，为这个方向下的中外博士研究生开设的“宗教诗学”“生态神学”和“神学美学”等课程也具有明显的跨学科性质。2009 年，借墨菲教授去上海讲学之机，我邀请他前来北京进行学术讲座，并由此建立起学术联系。在随后的几年间，我又数次邀请墨菲教授前来中国，到北京及国内其他高校进行学术讲座和参加学术会议，他也几次邀请我及其他中国学者、学生前往他所在的美国中佛罗里达大学进行访学、进修和参加学术会议等学术交流活动。正如墨菲教授本人在其《生态讲录集》“中文版序”中所说：“1990 年的台湾国际会议之后，我有幸又受邀来中国的台北、上海、大连和金华等地参加了 7 次会议，并做生态主题的大会发言。除此之外，我还曾 12 次访问位于中国 24 个城市的 36 所大学并发表演讲，这些城市跨越北京和上海、台北和台南、大连和汕头、石家庄和曲阜、郑州和杭州、济南和金华。这些中国听众是一个从本科生到权威学者的群体，我始终受到他们的热情欢迎和接纳。为了回报这样的热情，作为一位系主任，在我力所能及的权限内，我邀请过一批中国访问学者到我所在的中佛罗里达大学，指导他们进行学术研究和讨论各种学术问题。许多来访过的青年学者都在学术思想和科研水平上取得了长足的进步，这些都不仅体现在他们回国后的教学中，也体现在他们撰写的有关生态批评的论文中。"2012 年，墨菲教授和我共同筹划，在美国中佛罗里达大学成功举办了"生态批评：跨越太平洋的对话"国际学术研讨会。这次会议促进了太平洋两岸生态批评学者之间的交流，使生态批评学者在很多问题上达成共识，也让越来越多的年轻学者对生态批评有了更深入的了解和更浓厚的兴趣。

正是在这样的学术交流过程中，李玉婷博士确定了博士学位论文选题。开始接触墨菲教授的学术作品时，她也像其他准备以墨菲研究作为论文选题的博士生一样感到无从"下手"，理不出头绪，曾为此长吁短叹、心灰意冷，甚至怀疑"生态批评"与"纯文学"的直接关系。后来，我与墨菲教授一再鼓励她要有信心，不轻言放弃，有问题可以直接与我们交流。同时，我提醒李玉婷应该从跨文化与跨学科角度重释"文学"与"批评"，要从新的视角对当代语境下"文学"意义的外延进行进一步解读，并对广义"生态"和"生态批评"内涵作进一步阐释和说明，这样的解读、阐释和说明随后也得到了墨菲教授的认可，并令李玉婷茅塞顿开。尽管如此，写作的道路仍不可能一帆风顺，墨菲教授的生态批评成果非常丰厚，光是阅读就需要耗费大量精力，何况墨菲教授的"批评"对象往往是我们非常不熟悉的异域文化与社会。好在李玉婷本科和硕士均主修英文，英语基础好，有直接阅读原文和可以与墨菲教授直接用英文交流的优势，只要能吃苦，肯投入阅读时间就能掌握写作材料；只要虚心请教，“不耻下问”，就能更好地理解墨菲教授生态批评的思想和理论依据……这一切，从呈现在读者面前的著作来看，李玉婷博士做到了。

值得一提的是，这本专著在第四章最后一部分运用墨菲教授对科幻小说进行生态研究的理论和思路，尝试对2015年获得“雨果奖”最佳长篇小说奖的刘慈欣科幻作品《三体》作出评论。在墨菲教授的生态批评和生态研究领域，对科幻小说生态价值的重视，是其中一个非常重要和别致的方面。《三体》获奖时，刚好是李玉婷的博士学位论文即将完稿之时。她在详细探讨了墨菲教授对科幻小说的研究之后，心中将“批评”回归“文学”本身的情结久久难以释怀，于是惴惴不安地前来问我是否可以运用墨菲教授的生态思想和批评理论，对最具文学作品想象特征的科幻小说进行一次尝试性批评实践。我的回答当然是肯定的和支持、鼓励性的，这出于两个方面的原因。一方面，我一向认为理论、方法不仅需要在批评实践中进行检验，更需要有效服务于批评实践，或者说对批评实践无用的所谓“理论”是没有价值的。另一方面，我本人也饶有兴致地阅读了《三体》三部曲，很早就留意到墨菲教授对科幻小说的特殊兴趣，并打算把它们向墨菲教授推荐。所以，李玉婷的想法可以说几乎与我不谋而合。随后，在我的肯定和鼓励下，李玉婷很快列出这部分的写作提纲并最终完成写作。当然，这样的针对文学作品的批评实践难免生硬，但作为一种尝试，也不失其价值和意义。

《帕特里克·D.墨菲生态批评理论研究》一书，是国内外全面系统研究帕特里克·墨菲教授生态批评理论的第一部著作，希望对从事生态研究的学者具有一定参考价值。同时，这个“第一部”，在我看来只能算作研究帕特里克·墨菲教授生态批评理论而迈出的“第一步”，我们期待而且有理由相信李玉婷博士在此领域将取得更为丰厚的研究成果。

（李玉婷著《帕特里克·D.墨菲生态批评理论研究》，山东大学出版社，2017年11月出版）

序《阐释的演化：伊藤漱平〈红楼梦〉日译研究》

1967年，罗兰·巴特(Roland Barthes)发表了一篇名为《作者之死》(*The Death of the Author*)的随笔。尽管很多学者在评论罗兰·巴特时，把他1970年的《S/Z》视作最具质和量的作品，但更多的学者还是认为那篇篇幅并不长的《作者之死》应该是罗兰·巴特最为著名、最具代表性的文章。在这篇文章的最后，罗兰·巴特说："古典主义的批评从未过问过读者；在这种批评看来，文学中没有别人，而只有写作的那个人。善心的社会正是借助于种种颠倒来巧妙地非难它所明确排斥、无视、扼杀或破坏的东西，然而现在，我们已经开始不再受这种颠倒的欺骗了；我们已经知道，为使写作有其未来，我们必须把写作的神话再翻倒回来：读者的诞生应以作者的死亡为代价来换取。"

《红楼梦》，这部中国文学的鸿篇巨制、人类文学的伟大作品，暂且勿论其作者到底是谁，身世如何，其作者——"写作的那个人"、那几个人，显然已经"死去"——不管是从文本意义上来看，还是从肉体意义上来看，而"活着"甚至永生的则是一种新"文本"。围绕《红楼梦》而产生的超过其本身百倍、千倍、万倍甚至万万倍的卷帙浩繁、生生不息的"文本"，均为罗兰·巴特揭示的“读者”所作,其中当然也包括译者这类颇为特殊的“读者”,而日本汉学家伊藤漱平又是这类特殊“读者”中最为特殊的一位。与此同时,这类新“文本”之所以“活着”甚至得以永生,与对各类“读者”的研究或曰再阅读,无疑是分不开的。仅就《红楼梦》来讲,这种研究或再阅读是庞大且繁盛的红学体系中非常重要的一支力量,吴珺的新作《阐释的演化:伊藤漱平〈红楼梦〉日译研究》则属于这支力量当中不可多得且极具创新价值的先锋。

伊藤漱平,1925年生于日本爱知县一个颇有名望的书香门第,2009年去世。伊藤漱平的父亲是位学者,酷爱中国书法,崇尚宋明理学,注重思想道德礼仪文化传统,对中国文学有很深的造诣。受其父亲影响,伊藤漱平后来成为日本著名汉学家,曾在东京大学、北海道大学、大阪市立大学、二松学舍等大学文学部任教,是日本中国学会评议员,东方学会会员,现代中国学会会员,中国语学研究会会员……

这一切,对于一位汉学家,特别是日本的汉学家来讲,看上去并无多少特别之处甚至平淡无奇。然而,正如吴珺在其著作中所说,伊藤漱平“将日本的红学界与中国及世界接轨,让日本的红学在蓬勃发展的世界红学中占有一席之地。伊藤漱平用了近50年的时间从事《红楼梦》的翻译工作,并前后三次改版修订自己的译本,为《红楼梦》的翻译倾注了几近一生的心血”。这正是伊藤漱平的不同寻常之处。正是这种不同寻常,吸引了吴珺的注意力和研究兴趣:在长达50年的《红楼梦》翻译生涯中,伊藤漱平有着什么样的翻译理念?在几易其稿之下,他是如何诠释《红楼梦》源文本的精华?在三次改译过程中，他是如何取舍实现文本的自我完善？……

吴珺，北京语言大学日汉同声传译方向博士生导师，文学博士，教授。目前从事日汉口笔译理论与实践研究，《红楼梦》日译本研究。1995年，获得北京外国语大学"陈梅洁"校级优秀教学奖；2004年、2005年，获北京语言大学校级"优秀班主任"称号；2015年，获得北京语言大学"教学名师"称号。所在团队培养的同声传译方向研究生在全国"永旺杯"口译大赛上多次夺冠。主持教育部人文社科项目一项及校级项目若干项。日本翻译学会会员、中国翻译协会对外话语体系研究委员会委员……

和伊藤漱平对于汉学界一样，吴珺的这份简历，对于一位外语教师，特别是一位语言大学的外语教师来讲，看上去也并无多少特别之处甚至平淡无奇。然而，正因为她是一线教师、教学骨干、教学名师，在教学工作占据了大量时间和精力的情况下，她还能在学术研究上取得成就，她就又有些不平凡。毕竟，在学术界似乎仍然存在一种一线外语教师做不出大学问的偏见。吴珺，不仅教学业绩突出，科研做得也很有成就。当然，我这样评价吴珺并非因为她是我的博士生，在我的指导下完成了关于伊藤漱平《红楼梦》日译研究的博士论文，并在此基础上整理出这部书稿。我这样评价她还不足以说明我前文所述的，吴珺的这部新作《阐释的演化：伊藤漱平〈红楼梦〉日译研究》则属于红学研究力量当中不可多得且极具创新价值的先锋。

事实上，在着手系统研究伊藤漱平对《红楼梦》的三易其稿的翻译之前，也就是在提交博士学位论文开题报告之前，吴珺早就开始关注伊藤漱平,并且发表了数篇关于伊藤漱平研究的学术论文。随后,吴珺发现,与伊藤漱平如此之高的《红楼梦》翻译成就相比,对其《红楼梦》翻译研究还刚刚起步,无论是数量上还是质量上都不尽人意。不仅如此,国内外对《红楼梦》日文译本研究本身就很不充分,仅有的几个研究偏重于词汇层面,还没有可以窥见全貌的译本研究或译者研究。鉴于这种状况,在前述一系列的疑问驱使之下,她确定把伊藤漱平《红楼梦》日译本翻译作为研究对象展开研究。

这部著作运用阐释学翻译研究、描述性翻译研究等最新翻译理论,对伊藤漱平《红楼梦》三个日译本(1958 年全集本、1973 年奇书本、1996 年 Library 本)进行文本细读,从而建立章回、隐喻等语料库,并采取定量和定性的分析方法进行论证,同时兼与金波陵一版本进行横向比较,多角度、系统性地展现其翻译成就。全书由表及里,注重译本内涵的阐发。在深入分析伊藤漱平《红楼梦》日译特点的同时,对"逐语译"与伊藤漱平《红楼梦》译本之间的关系以及其与日本近代翻译观所形成的动态关系进行了梳理。

吴珺认为,伊藤漱平的《红楼梦》译本采取的翻译策略是其个人前见与源文本、目标读者视域不断融合的结果。为了使读者更好地接受,伊藤漱平在部分表达上选取日本读者熟悉的用法,呈现出一定的归化趋势;同时受到时代的影响,呈现出"逐语译"的特点,可以说深深地打上了作者本身的烙印和所处时代的痕迹。从选取的几个角度分析结果来看,伊藤版本有把整个文体改"雅"的倾向,包括对助词等细节部分都作了字斟句酌的修改。另外,整体翻译精雕细琢,不断删改以求最大限度展现人物风貌。如果说以上各个侧面因题材和文体不同而呈现出多样化的翻译策略是一条可见的“明线”的话，那么“逐语译”就是一条“暗线”，与之并行。吴珺认为，“逐语译”既可以理解为一种翻译方法，即直译，也可以理解为一种翻译态度，即忠实于源文本的严谨的翻译态度，这在伊藤译本中两者兼而有之。伊藤漱平凭借其对《红楼梦》的深刻理解以及造诣超群的文字功底对《红楼梦》作出了独特的阐释，他与《红楼梦》的对话帮助他完成了与源文本的视域融合，为日本读者带来了深刻的阅读体验。伊藤漱平没有提供一个最终成果的译本，也没有把自己的译作当成最终产品让读者去理解，而是把它当作一个中介和桥梁，把读者引向原著。这是因为他认为自己的译本不可能也无法取代原著。但是作为译者本身，他却可以通过调整，一步步接近源文本。从接受来看，伊藤漱平期待视野当中的读者群体可能高于一般意义上的群体，偏离了一般读者群，这被认为是影响《红楼梦》日译本在日本接受度的原因之一。

我本人虽然也做翻译实践，但对于翻译研究，其实涉猎不多，15 年前曾在《人民日报》的“文化交往中的文学翻译”专栏上发表过一篇题为《文化：本色与褪色》的短文，后来发表过一篇比较梁实秋和林语堂翻译风格的文章，最近写过一篇题目为《翻译的革命》的短文。有意思的是，从这些文章中可以看出我对待翻译问题在观念上的一些变化。比如，在《文化：本色与褪色》中，我谈到，文化的褪色除了自身演化发展过程中某些特征的消退，也包括不同文化交融过程中本色文化特征的消失。全球化语境下，文化的全方位多向度交流，相互影响以及吸收、融合已是必然和不争之实。在这样一个过程中，无论是文化的介绍、理解和吸收，还是文化的比较、筛选和交融，都离不开翻译……越来越多的翻译工作者和翻译学研究者不仅注意到翻译与语音、语义、语篇等语言问题的联系，而且提出了“文化语境”和“跨文化交际”的文化翻译概念，对文化背景、文化知识特别是文化差异的了解和把握，越来越成为难以忽视的问题。“信达雅”的实现不仅仅依赖于语言功底的深厚和语言技巧的运用，而且更多地依赖于译者对跨文化双方甚至多方文化内蕴的理解程度和体验能力。

也就是说，那时我认为翻译应该重视向“译入国”或“目的语国”文化“靠拢”。但是，到了今天，在《翻译的革命》中，我则提出了另一种主张，即一种“原汁原味”的翻译：在今天的翻译实践和翻译理论中，我本人在尝试一种保持“原汁原味”的翻译。也就是说，翻译成中文的作品，字、词、句和语法结构，当然是使用汉语（目的语）的，要符合中文的表达习惯，但是语言在整体上要保留母语的散文风格和它自身的文学性，能让读者体会到外国人母语的散文“味道”，也就是写作风格。这就像音乐，让人一听就能分辨出是西班牙风格、俄罗斯风格，还是阿拉伯风格……可以说，这是翻译的一次革命，至少是“文化翻译”观念的一次创新。在过去，由于国与国之间、民族与民族之间、文化与文化之间的交往、交流不如今天这样充分，翻译一般会看重将母语的文化味道向目的语的文化味道“靠拢”或“迁移”，所以，常常会有“失真”或“变味”的情况，针对留学生的翻译教学也提倡和强调“让读者看不出是外国人写的”。以前，学汉语的外国人少，不知道他们的母语作品翻译到了中国变成了什么样，现在学汉语的多了，看到他们母语的名著翻成中文后，每个字都认得，但整部作品却不知所云，这就是“失真”或“变味”的翻译。我遇到过一位母语是西班牙语的译者，他告诉我，以前学习英文，发现英文版的《堂吉诃德》与原文差距很大，有明显向英语国家文化习惯靠拢的倾向，后来他学习了中文，发现无论是从西班牙语版翻译来的中文《堂吉诃德》，还是从英语版翻译来的《堂吉诃德》，都存在同样的问题，西班牙人生活的文化“味道”丧失殆尽，有的章节甚至荡然无存，最后好像只让中国读者看到了一位像孔乙己一样可笑的“大战风车”的人……

如此看来，根据吴珺的研究结论，在 15 年前，我对翻译的看法与伊藤漱平的翻译理念是有相通之处的，但是，按照今天我对文学翻译的新理解，我并不同意伊藤漱平先生当年的翻译理念。然而，无论何时，我们都应该非常赞赏吴珺对伊藤漱平翻译《红楼梦》所做的研究和由此得出的结论，这项研究揭示了译者作为特殊读者对源文本的再建构过程，不仅在个案研究方面填补了伊藤漱平翻译研究的空白，解答了起初提出的一系列疑问，还从整体上进一步丰富了阐释学翻译理论。

是为序！

（吴珺著《阐释的演化：伊藤漱平〈红楼梦〉日译研究》，知识产权出版社，2019 年 3 月出版）

后　记

中国文化“走出去”，实现与世界文化的交流交融，实现民心相通、文明互鉴，构建人类命运共同体，既是美好愿景也是时代大趋势。在这样一个进程当中，文化的内涵和文化的载体，一直是教育教学和学术理论界探讨的重要话题，也是各行各业不断通过实践予以探索的主题。

这个话题和主题，其实与我国唯一一所以对来华留学生进行汉语、中华文化教育为主要任务的国际型大学——北京语言大学的命运息息相关。北京语言大学是在周恩来总理的亲切关怀下建立的，创办于1962年。1964年6月定名为北京语言学院，1974年毛泽东主席为学校题写原校名“北京语言学院”。学校从创办之初到20世纪80年代初期，一直是对外汉语教学的旗舰型高校，而且居于独一无二的“垄断”地位。自20世纪80年代初期开始，国家经过调研允许在多所重点高校开展招收来华留学生试点。随后，至20世纪90年代中期，招收留学生政策基本对全国高校全面放开，全国各类高等院校均可接收外国留学生来华学习和进修汉语。这一时期，随着教育改革开放进程的加快，许多高校开始重视学科建设，当时的北京语言学院也紧随这一趋势于1996年更名为北京语言文化大学，并着手向多学科延伸和拓展。不过，在留学生教育方面，由于北京语言文化大学的特殊地位和专业定位，尽管许多高校甚至一些私立教育机构也开始招收留学生进行汉语培训，并把学费收入作为单位“创收”的主要来源，但此时的北京语言文化大学仍然占据着整个来华留学生教育的半壁江山，这种状况大致持续到21世纪第一个十年的中期，即2006年前后。其间为凝聚和突出学校学科特色，北京语言文化大学于2002年简称北京语言大学。自1996年至2006年这十年间，尽管关于对外汉语学科与其他学科设置之间关系的讨论、关于如何既守住创校立校之本又能开拓创新发展的争论也时有发生，但从未像随后的十五年如此激烈、如此白热化……

随后的十五年，“对外汉语”经历了从“汉语国际教育”到“国际中文教育”的变迁，经历了从“请进来”到“走出去”的转变，经历了多年未有之国际大变局的动荡。新冠肺炎疫情，更是让这一教育领域遭受多方面重创，同时给人们带来很多思考。危机面前，无论如何，化危为机应该是最积极的态度。北京语言大学近来十五年的历程，其实也是许多大学设立留学生教育学院历程的一个缩影，关于语言与文化的关系、关于“请进来”与“走出去”的关系、关于“国际中文教育”与“国际”“中文”和“教育”的关系，值得结合历史和现实，开展实事求是的研究。

对于上述话题，一篇后记是很难完全容纳的，之所以提及，乃因为《国际中文教育散论》的内容多与此相关。受《美文》杂志常务副主编穆涛教授之邀开办“汉风专刊”已满六年，前三年发表的评论大多集入《文化与全球化》（2019年出版），这本《国际中文教育散论》集入的是后三年发表的评论，还有一些以前发表的文章与该主题有所关联，亦一并集入，同时也把为几本专著所作的序附录于后。这几本专著的作者都是近些年毕业的博士，他们在自己的工作岗位上业已成为教学和科研骨干，有的毕业后很快晋升了副教授、教授和博士生导师。

说来也巧，就在书稿刚交到出版社的第二天，在网上读到了《美文》杂志主编贾平凹老师的一篇题目为《解读中国故事》的文章，文章的观点和理念与本书呈现的话题和主题非常契合，遂通过《美文》杂志副社长武梅女士向贾平凹老师求证并请示，承蒙贾平凹老师惠允，把题目恢复为原题，作为代序收入本书。

学长杜卫，既是杰出的美学和美育专家，又是优秀的高校管理工作者。担任过浙江著名高校的中文系主任、副校长、校长，称其为真正的教育家恰如其分，尽管他本人从不以此自居。他总是像在山东大学读书时代一样的谦逊和善，当我请他为本书作序时，他在爽快答应之后还留下一句“怕写不好”。其实，杜卫学长真的是过谦了。十多年前，学界在整理对外汉语口述史时，曾经发现老舍在英国期间教外国人学汉语的录音，并称其为“海外对外汉语教学第一人”，后又发现北京语言大学还有一位与邓小平同船赴法勤工俭学的盛成先生，其文学作品《我的母亲》被收入法国中小学课本，他被称为“海外中国文学对外传播第一人”。杜卫学长是我国改革开放后最早一批留学英国的学者，他在英国一边学习外语和外国文化，还一边教外国中文教师和学生学习中文。为此，他曾在我家里看遍了所有与对外汉语和中文教学有关的教材和教辅材料。当时这类书籍尽管有限，但我家里的收存几乎囊括了市面上可以看到的所有材料，包括台湾中华文化研习所（TLI）的“一对一”教学用书。根据杜卫学长的教学实践和经验来考，也许他亦可称得上是改革开放以后中国赴英从事国际中文教育的第一人呢！

最后，还是要表明，本书观点只是个人看法，由于本人知识和视野所限，偏误在所难免，真诚欢迎读者批评指正！

张　华

2021 年 5 月 18 日

于北京语言大学